JN296079

英米児童文学のベストセラー40

—心に残る名作

編著者◆成瀬俊一　編集協力◆髙田賢一・灰島かり

ミネルヴァ書房

③

②

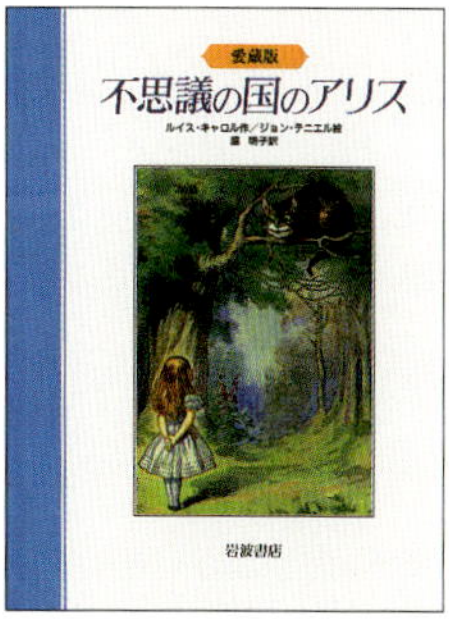

①

⑥

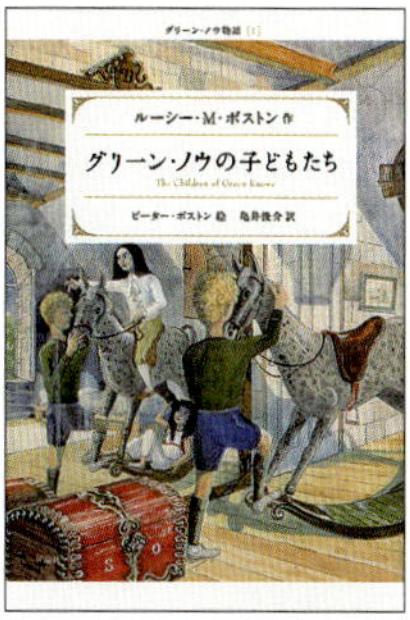

⑤

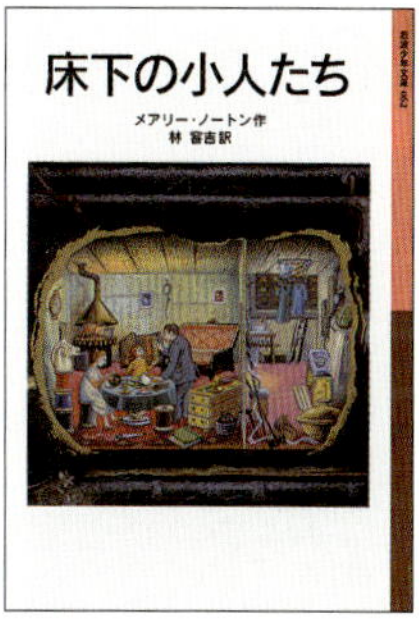

④

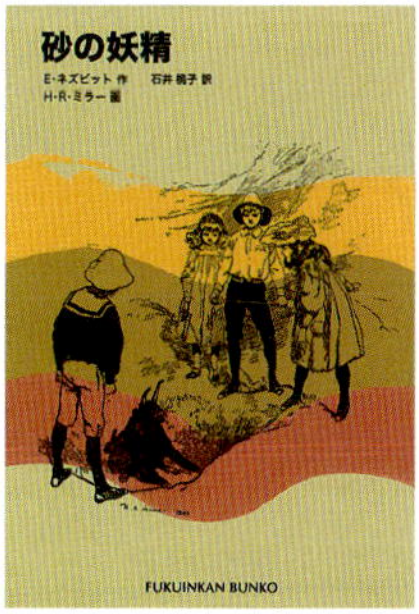

⑩

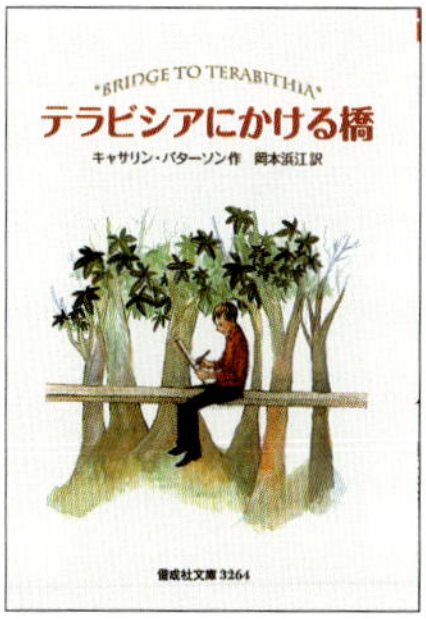

⑨

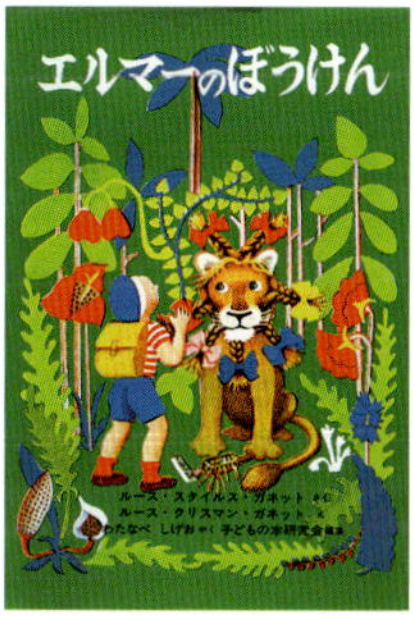

⑧

⑦

①『不思議の国のアリス』（ルイス・キャロル作／脇明子訳）岩波書店，1998年。
②『クマのプーさん』（A. A. ミルン作／石井桃子訳）岩波書店，2000年。
③『風にのってきたメアリー・ポピンズ』（P. L. トラヴァース作／林容吉訳）岩波書店，2000年。
④『床下の小人たち』（メアリー・ノートン作／林容吉訳）岩波書店，2000年。
⑤『グリーン・ノウの子どもたち』（ルーシー・M. ボストン作／亀井俊介訳）評論社，2008年。
⑥『トムは真夜中の庭で』（フィリパ・ピアス作／高杉一郎訳）岩波書店，1967年。
⑦『オズのふしぎな魔法使い』（ライマン・フランク・ボーム作／宮本菜穂子訳）松柏社，2003年。
⑧『エルマーのぼうけん』（ルース・スタイルス・ガネット作／渡辺茂男訳）福音館書店，1963年。
⑨『テラビシアにかける橋』（キャサリン・パターソン作／岡本浜江訳）偕成社，2007年。
⑩『砂の妖精』（E. ネズビット作／石井桃子訳）福音館書店，2002年。

⑬

⑫

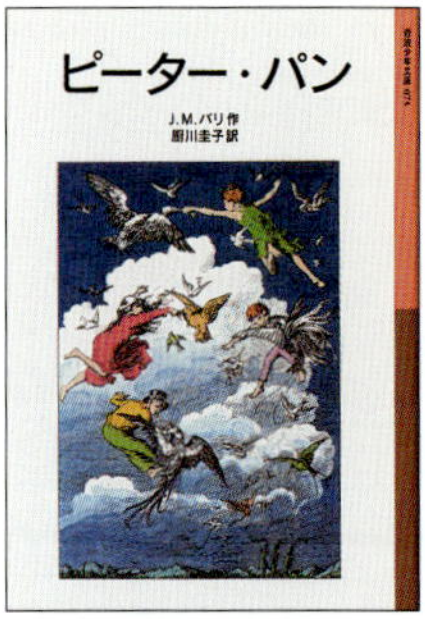

⑪

⑯

⑮

⑭

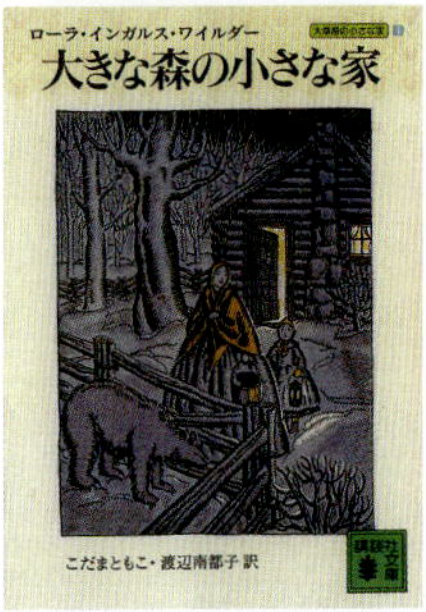

⑳

⑲

⑱

⑰

⑪『ピーター・パン』（ジェイムズ・M.バリ作／厨川圭子訳）岩波書店，2000年。
⑫『くまのパディントン』（マイケル・ボンド作／松岡享子訳）福音館書店，2006年。
⑬『マチルダは小さな大天才』（ロアルド・ダール作／宮下嶺夫訳）評論社，2005年。
⑭『トム・ソーヤーの冒険』（マーク・トウェイン作／石井桃子訳）岩波書店，2001年。
⑮『クローディアの秘密』（E. L. カニグズバーグ作／松永ふみ子訳）岩波書店，2000年。
⑯『スタンド・バイ・ミー』（スティーヴン・キング作／山田順子訳）新潮社，2005年。
⑰『穴』（ルイス・サッカー作／幸田敦子訳）講談社，2006年。
⑱『たのしい川べ』（ケネス・グレーアム作／石井桃子訳）岩波書店，2002年。
⑲『ツバメ号とアマゾン号』（アーサー・ランサム作／岩田欣三・神宮輝夫訳）岩波書店，1967年。
⑳『大きな森の小さな家』（ローラ・インガルス・ワイルダー作／こだまともこ・渡辺南都子訳）講談社，1988年。

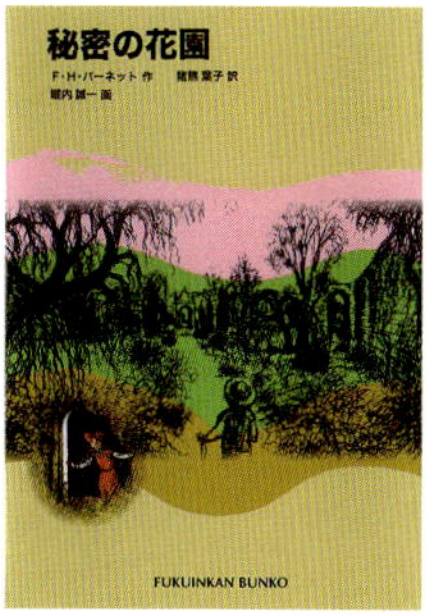

㉑

㉒

㉓

㉔

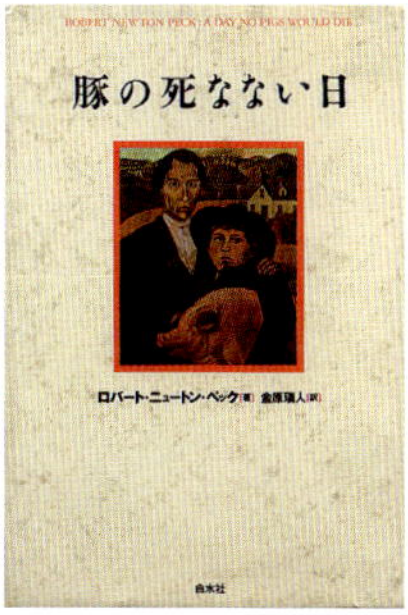

㉕

㉖

㉗

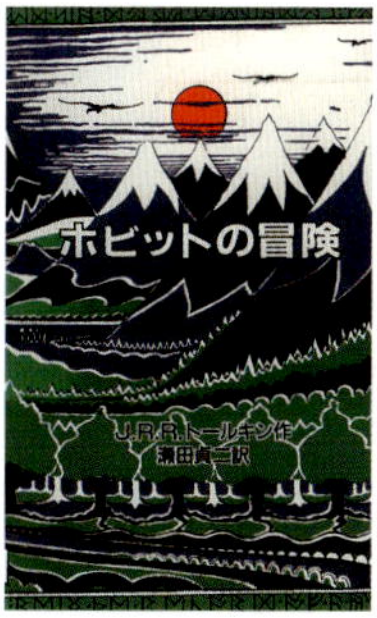

㉘

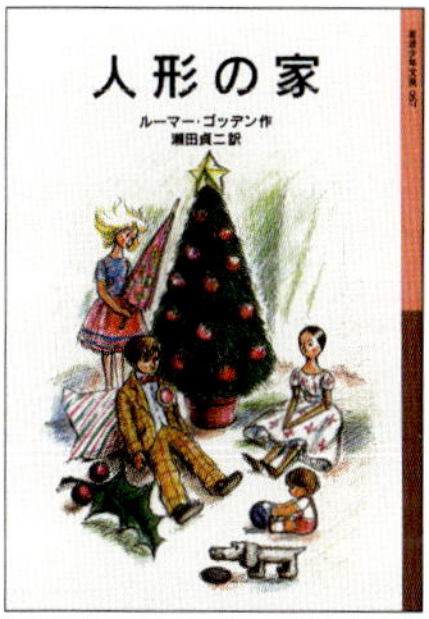

㉙

㉚

㉑『秘密の花園』（フランシス・ホジソン・バーネット作／猪熊葉子訳）福音館書店，2003年。
㉒『青いイルカの島』（スコット・オデル作／藤原英司訳）理論社，2004年。
㉓『シャーロットのおくりもの』（E. B. ホワイト作／さくまゆみこ訳）あすなろ書房，2001年。
㉔『ふたりはともだち』（アーノルド・ローベル作／三木卓訳）文化出版局，1972年。
㉕『豚の死なない日』（ロバート・ニュートン・ペック作／金原瑞人訳）白水社，1996年。
㉖『フランダースの犬』（ウィーダ作／村岡花子訳）新潮社，1954年。
㉗『お姫さまとゴブリンの物語』（ジョージ・マクドナルド作／脇明子訳）岩波書店，2003年。
㉘『ホビットの冒険』（J. R. R. トールキン作／瀬田貞二訳）岩波書店，2002年。
㉙『人形の家』（ルーマー・ゴッデン作／瀬田貞二訳）岩波書店，2000年。
㉚〈ナルニア国ものがたり〉『ライオンと魔女』（C. S. ルイス作／瀬田貞二訳）岩波書店，2000年。

㉝

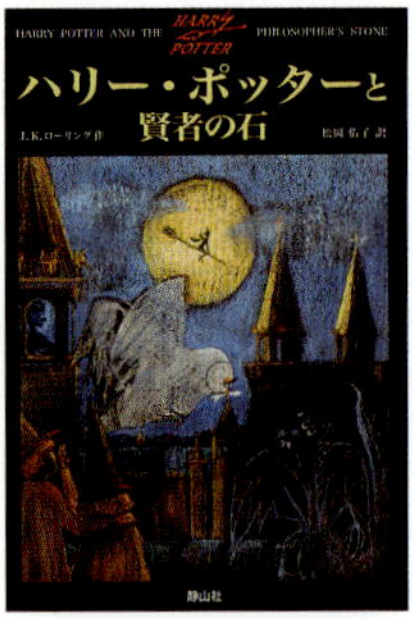

㉜

㉛

㊱

㉟

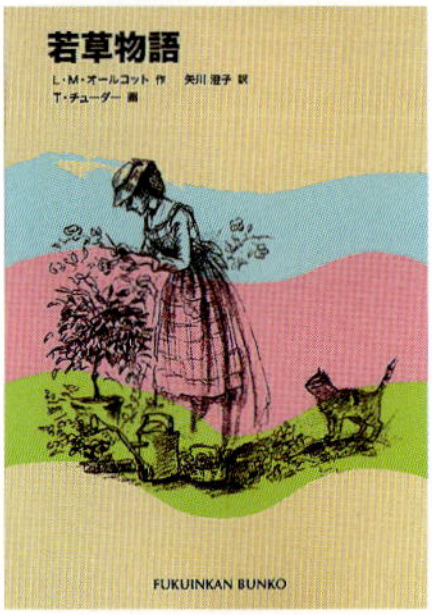

㉞

㊵

㊴

㊳

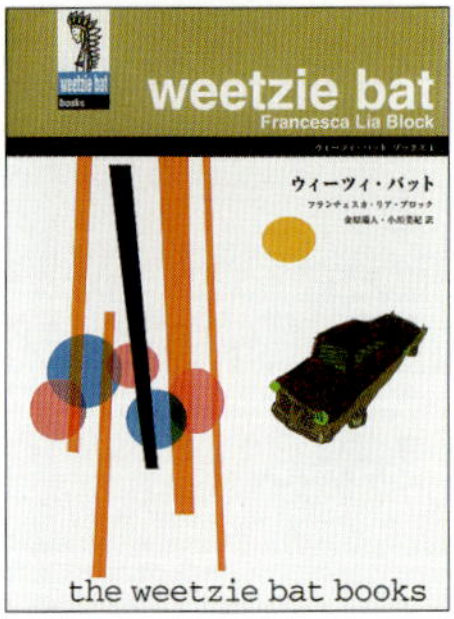

㊲

㉛〈ライラの冒険〉『黄金の羅針盤』（フィリップ・プルマン作／大久保寛訳）新潮社，1999年。
㉜『ハリーポッターと賢者の石』（J. K. ローリング作／松岡佑子訳）静山社，1999年。
㉝〈ゲド戦記〉『影との戦い』（アーシュラ・K. ル＝グウィン作／清水真砂子訳）岩波書店，1992年。
㉞『若草物語』（ルイザ・メイ・オールコット作／矢川澄子訳）福音館書店，2004年。
㉟『あしながおじさん』（ジーン・ウェブスター作／谷口由美子訳）岩波書店，2002年。
㊱『少女ポリアンナ』（エリナー・ポーター作／谷口由美子訳）岩波書店，2002年。

㊲『ウィーツィ・バット』（フランチェスカ・リア・ブロック作／金原瑞人・小川美紀訳）東京創元社，1999年。

㊳『赤毛のアン』（ルーシー・モード・モンゴメリ作／村岡花子訳）新潮社，2008年。

㊴『めざめれば魔女』（マーガレット・マーヒー作／清水真砂子訳）岩波書店，1989年。

㊵『のっぽのサラ』（パトリシア・マクラクラン作／金原瑞人訳）徳間書店，2003年。

はしがき

〈ナルニア国ものがたり〉の作者C・S・ルイスはあるエッセイの中でこう語っています。

「子どもにしか楽しめない子ども向けの物語は悪い子ども向けの物語である、という規準を私は定めたい気がするほどです。よい子ども向けの物語には永続的な価値があります。あなたがワルツを踊っているときだけ好きになれるワルツは、悪いワルツなのです。」

子どもの本は子どもだけのものではないというのです。たしかに、子どもの本、とくに名作と呼ばれるにふさわしい本には世代を超える力があります。そのような作品はまた、時代を超え、男女の違いさえも超えて愛読されているのではないでしょうか。『赤毛のアン』が大好きな男性、『トム・ソーヤーの冒険』が大好きな女性がおられても少しも不思議ではありません。名作には、なにか普遍的な魅力や面白さがあるに違いありません。

そのような魅力の源をつきとめられないだろうか。エッセイを集めたこの本は、誰もがかつて読んだことのある、あるいはぜひ読んでおきたいと思う英米児童文学の中から、ベストセラー、ロングセラー、隠れた名作を含め、選りすぐりの四〇編をとり上げ、それぞれの魅力を紹介しています。文章は軽いタッチで書かれていますが、中身はかなり濃いと自負しています。

テーマごとに五つの部に分け、各部の末尾にはミニコラムを設けました。コラムでは、本書で紹介されている作品だけでなく、その他の関連作品も採り入れた、より広い視野から英米児童文学とその作者の魅力の一端に触れるようにしています。物語の魅力に触れたエッセイと併せて、楽しんでいただければ幸いです。

本書で取り上げている物語は、近代児童文学草創期の一九世紀中頃から現代までの、ファンタジーとリアリズムの両方にわたっています。

第Ⅰ部「だれも知らない秘密の国」では、別世界を描く作品を集めています。別世界といっても色々あって、夢や空想の中の世界だったり、妖精の国だったり、タイムスリップした先の過去の世界だったりします。別世界という道具立ては、主としてファンタジーのジャンルが得意とするものです。その世界では、魔法のような出来事が起きたり、不思議な生き物が登場したりしますが、それは私たちの世界や人生とは全く関係がない、現実逃避のための絵空事というわけでは決してありません。それは、私たちが生きている現実世界の隠れた真実を、その美しさと醜さとともに、思いもよらない角度から再発見させてくれるはずです。

第Ⅱ部「腕白の季節」は、子ども（男の子と女の子の両方）の特権である腕白が読者（子どもと大人の両方）の心を解放してくれるような物語に焦点を当てています。腕白は、子どもの視点と大人の視点の違いを際立たせます。大人がやったら「変な人」、へたをすると「無法者」というレッテルを貼られかねない腕白は、子ども時代には多かれ少なかれ「子どもらしさ」として許されているものです。それはまた、既成の大人の価値観を破壊する力、人間や社会を批判する手段として描かれているようです。さらに、「子どもらしさ」とは何かという問いを作品に投げかけるならば、それが一筋縄ではいかない概念であることが見えてくるかもしれません。「子どもらしさ」という言葉には、無邪気さや率直さという正の側面と、わがままや未熟さという負の側面があるからです。いずれにせよ、読者は主人公たちの腕白ぶりにハラハラしたり、笑い転げたりしながら、かつて自分の中に息づいていた子どもらしさに、あるいは今でも自分の中に生きている子どもらしさに、きっと出会えるに違いありません。

第Ⅲ部「自然とともに」では、何らかの形で主人公と自然との接点に注目している物語を採り上げています。ここで自然というのは、海や山や気候のような環境と、そこで生きている動植物の両方を指します。物語の主人公が人間の場合もあれば、動物の場合もあります。自然は彼らの物質的・精神的な側面に恵みと災いを二つながらもたらします。主人公たちは自然の力と戦ったり、共存したりしながら、さまざまなドラマを紡ぎ出します。人間ならざる不思議な「生者」――かといって神々でも妖精でもない者――との交わりを通して、主人公たちは自立と協調、運命と忍耐、生と死の意味などを発見します。自然は私たち自身の姿を映しだす鏡なのかもしれません。

第Ⅳ部「大切なものをさがしに行こう」のテーマは、「探求」です。このテーマは旅という形で表現されることが多いのですが、主な舞台がほとんど屋内である物語もあります。いずれにしても、主人公たちはみな、自分の存在をかけて何かを探しています。それは宝物であったり、愛する人であったり、家庭や国家の平和であったり、本当の自分自身であったりします。探しものは意外な時に、意外な場所で、意外な方法で見つかります。見つけたものが当初探していたものとは違っていても、それを受け入れざるを得ないこともあります。どんなものであれ、それは人生に驚くべき変化をもたらします。私たちは誰だって、何かを探すために生まれてきたようなものです。ひょっとしたら、私たちの探しものが、これらの物語の中に見出せないともかぎりません。

第Ⅴ部「少女たちの明日」で選んだのは、すべて女性作家による作品で、主人公もすべて女性です。とはいっても、女性読者のためにだけ意味がある作品というわけではありません。ルイスの言葉をまねて、「女性にしか楽しめない子どもの本は悪い子どもの本である」と言いたくなるほど、ここに紹介されている物語は男性が読んでも面白いものばかりです。主人公たちはみな、とびっきり個性豊かで、しかも生きる力がみなぎっています。作家志望の熱血少女もいれば、弟思いの魔女っ子もいれば、内陸の農場に「海」を見いだすお母さんもいます。彼女たちが家族や友人との理想的な人間関係を創りだすために悪戦苦闘している姿に、女性読者も男性読者も、心の友や姉妹を発見するのではないでしょうか。

この『英米児童文学のベストセラー40』をとおして、楽しい読書体験をより多くの読者と分かち合うことができれば幸いです。英米児童文学の名作がますます読者に愛されるきっかけの一つとなることを、心から願っております。

編者

目次

II 腕白の季節

III 自然とともに

Ⅳ　大切なものをさがしに行こう

V 少女たちの明日

I　だれも知らない秘密の国

『不思議の国のアリス』

ルイス・キャロル作／脇明子訳

子どもの目線で『アリス』を読み解く

桂　宥子

岩波書店，1998年（原書，1865年）

ルイス・キャロル没後百年祭のひとこま

一九九八年、オックスフォードではルイス・キャロルの没後一〇〇年を記念するイベントが多数行なわれていた。そのひとつに、キャロルと縁の深いコレッジであるクライスト・チャーチのガイド付きツアーがあった。ツアーの説明書には、人数制限があるため予約が不可欠と記されていたので、日本から何度もＦＡＸを送って、申し込みを確認した。ツアー当日、クライスト・チャーチへ行ってみると、参加者らしき人影は見当たらない。結局、参加者は私と友人のふたりだけであった。案内役の大学院生ヒュー君に導かれて、ツアーがはじまった。キャセドラル・ガーデンでは、隣のディーナリー・ガーデンにつながる通称「アリスのドア」と呼ばれる木の扉を見学。キャロルの当時このドアを使用できたのは、「アリス」のモデル、アリス・リデルの父親である学寮長のみであった。アリスは入ることのできないキャセドラル・ガーデンにとても興味をもっていたという。この禁じられた庭こそ、物語の中でアリスが探し求める美しい花園だという説もある。

花園を求めて

土手で読書をしている姉の傍らでアリスが退屈していたとき、彼女の目の前をチョッキを着た白ウサギが、通り過ぎて行った。好奇心の強いアリスは、ウサギの後を追い、生け垣の下にあるウサギの穴に跳び込んだ。深い井戸のような暗い穴を長いこと落下して、たどり着いたのは、天井の低い広間だった。そこでアリスは小さな金の鍵を見つけ、小さなドアを開けると、その先には、美しい庭園が広がっていた。アリスはその庭へ出ようとするが、体が大きすぎる。そこで、「ワタシヲノンデ」と記してあるビンの中身を飲むと、アリスの体はみるみる小さくなった。ドアから出られると喜んだのも束の間、今度はテーブルの上に鍵を忘れてしまった。もう一度大きくならなくてはならない。その後、アリスは何度か伸び縮みを繰り返すが、花園へはなかなか出られず泣き出してしまう。そのうちに自分の涙でできた海で溺れそうになる。

その後、再び白ウサギに出会ったり、茸の上のイモムシと出会ったりしながら、アリスは公爵夫人の家にたどり着く。次に三月ウサギの家で奇妙なお茶会に遭遇。その後、入口の付いた木を見つけ、そこを通って、アリスはとうとう念願の花園へ出ることができた。庭園では、ハートの女王のクロケーの試合が行なわれていた。

そのうちに、タルトを盗んだ犯人をめぐって、奇妙な裁判が始まり、アリスはトランプたちの一斉攻撃を受けることになる。そのひらひらと舞上がるカードは、実は、不思議な夢をみながらうたた寝をしている少女に舞落ちる木の葉であった。

アリスのリクエスト

一八六二年七月四日、キャロルとアリスとその姉妹はテムズ川をボートに乗って下ってピクニックに出かけた。その日の別れ際にアリスは、昼間ボートの中でしてもらったお話を自分のために物語にして欲しいとキャロルにお願いした。そこでキャロルは一八六四年の暮れまでに私家版の『地下の国のアリス』を完成させる。その後この物語は、ジョン・テニエルの挿絵を付けて『不思議の国のアリス』(一八六五)として出版されたのである。

不思議な出来事に満ちているこの作品は、単に表面的に読まれたり、簡略本にされたりすると、支離滅裂な出来事が次々と起こる不可解な作品と誤解される可能性がある。ここで忘れてならない事実は、わずか五、六歳の少女がこの話を聞いて面白がったという点である。それはなぜであろうか。

めちゃくちゃお茶会

不思議の国は身近にあり

「昔むかし、三人の小さな姉妹がおりました」と、ヤマネは大急ぎでお話をはじめました。「名前は、エルシー、レイシー、ティリーといいました。三人が住んでいたのは、井戸の底で――」

「何を食べてたの?」と、アリスはたずねました。いつも、飲んだり食べたりの問題に非常に興味を持っていたからです。

ヤマネは、一、二分考えてから、「糖蜜を食べてくらしていました」と言いました。

「だけど、そんなことできっこないんじゃないかしら」と、アリスはひかえめに反対意見をのべました。「病気になってしまうもの。」

「まさにそのとおり」と、ヤマネは言いました。「三人はとても、、、、重い病気だったのでした。」

『不思議の国のアリス』第七章のこの場面に登場する三姉妹とは、アリスとその姉妹のことである。「井戸」は病を癒《いや》すとして有名なビンズィーの聖なるトリークル・ウェルを暗示している。ちなみに、英語の「treacle」には、糖蜜の他に病気を癒《いや》すという意味がある。このトリークル・ウェルはクライスト・チャーチ大聖堂の一面を飾るエドワード・バーン＝ジョーンズ作のステンドグラスに描かれている。アリスはこのステンドグラスが取り付けられるのを目撃していたし、ビンズィー出身の彼女の家庭教師とともにこの井戸に実際に出かけているので、アリスにとってこの井戸は馴染み深いものであったにちがいない。

これはほんの一例にすぎない。『不思議の国のアリス』にはオックスフォードの町やコレッジの生活と密接に関係したエピソードに満ちている。「不思議の国」はまさにオックスフォードそのものなのであり、物語を通して、当時のオックスフォードの社会や風俗を垣間見ることができるのである。だから、幼いアリスでも『不思議の国のアリス』を楽しむことができたのである。

『不思議の国のアリス』は児童文学において近代ファンタジーの金字塔を打ち立てた作品である。そして、この作品はファンタジーが単に不思議なことが脈絡もなく起こる魔法の世界ではなく、現実世界とファンタジーが表裏一体の関係にあることをよく示している。『アリス』はその作品背景を知って初めて、より深く味わい、楽しむことができる作品である。

ルイス・キャロルのこと

キャロルことチャールズ・ラトウィッジ・ドジソンは一八三二年、英国国教会派の牧師の子としてチェッシャー州のダーズバリに生まれた。名門ラグビー校から一八五一年にオックスフォードのクライスト・チャーチに進学した。五四年に優秀な成績で数学の学士号を取得すると、同学寮数学教師となる。その後、一八九八年に亡くなるまで生涯を同学寮で平穏に過ごした。数学者ドジソンとして専門書の出版もあるが、『不思議の国のアリス』（一八六五）とその続編『鏡の国のアリス』（一八七二）により、キャロルの名は不滅のものとなった。他に、『スナーク狩り』（一八七六）や『シルヴィーとブルーノ』（一八八九）などの作品がある。キャロルはアマチュア写真家としてもよく知られている。

『クマのプーさん』

A・A・ミルン作／石井桃子訳

いつだって、プーがそこにいてくれる

笹田裕子

岩波書店，2000年（原書，1926年）

プーとぼくはいつも一緒

『クマのプーさん』は、一人の男の子が階段を降りてくる音からはじまる。「バタン・バタン、バタン・バタン」男の子の後ろで、手を引かれているクマのぬいぐるみが頭を階段にぶつけている音だ。ふたりは、パパにお話をねだりに来たのである。この男の子、クリストファー・ロビンは、プーが出てくるお話が大好き。だから、どんなお話がいいのか聞かれると、「じぶんが出てくるお話。プーってそんなクマなんだよ」と、ちゃっかりプーをだしにしてリクエスト。パパは、プーのお話の中に、ちゃんとクリストファー・ロビンのことも出してくれる。クリストファー・ロビンは嬉しくてまっかになってしまう。パパのお話は、どれもみんなおもしろい。またお話ししてほしいから、「あまりよくおぼえられない」プーのために、何度も聞かせてあげてほしいとお願いする。自分で思い出すより、パパのを聞く方がずっと楽しいから。お話が「ほんとのお話」になるから。お話が終わると、クリストファー・ロビンとプーは、一緒に二階のバスルームへむかう。幕切れに聞こえる音は、幕開けと同じ。「バタン・バタン、バタン・バタン。」

挿絵画家E・H・シェパードは、階段を一緒に上り下りするプーとクリストファー・ロビンが気に入っているらしい。「ぼくたちふたり」（小田島雄志・若子訳）という詩にも、よく似た絵がある。この絵では、クリストファー・ロビンの後ろから、プーが自力でせっせとついていく。お話の中のプーとその仲間たちも、自分で自由に動き回る。

危なくない森

このお話に出てくる動物たちのほとんどが、もとはミルンの息子のぬいぐるみで、子ども部屋に住んでいた。お話の中では、みんな「百ちょ森」に住んでいる。ミルンは息子と一緒に、よくアッシュダウンの森（イングランド南部）で遊んだ。百ちょ森はこの森に似ているが、本物の森とは違う。危ないことが何にもないからだ。住んでいる動物たちは、もとがぬいぐるみだから牙も爪も持っていない。クマだろうとフクロウだろうと、安心して一緒に遊べる。

ちょっとした冒険はできるが、危なくない冒険ばかりだ。あやしい足跡をドキドキしながらたどっても、じつは自分たちがつけた足跡。猛獣ゾゾ（「ゾウ」の間違い）をつかまえようとしても、落とし穴にはまるのはプー自身。北極《ノース・ポール》てんけん（「探検」の間違い）に出かけても、見つけるのはただの棒《ポール》だけ。しかも、この森は広すぎない。「百ちょ（百町の言い間違い）」というのは、原書では「100 aker（100 acre の言い間違い）」となっていて、この森の広さを表している。一〇〇エーカーをわかりやすい単位に換算すると、約〇・四平方キロメートル（約一二万坪）。東京ディズニーランドより狭いから、森としては小さい方だ。

百ちょ森は、いわば「ごっこ遊び」の森、森に見立てられた子ども部屋なのである。子どもを一人で勝手に遊ばせておいても、まったく安心だ。まわりにいるのは、危なくないおもちゃだけだから。

笑いと歌がいっぱい

百ちょ森の動物はみんな個性ゆたか。プーは「頭のわるいクマ」。食べることが大好きで「なにかひと口」が何よりの楽しみ。とくに目がないのがハチミツ。ハチミツのためなら、高い木にもよじ登るし、風船につかまって空だって飛んでしまう。コブタは小さな身体のせいで気が弱い。人の何

「百ちょ森」の仲間たち

倍も、怖がったりびっくりしたりするが、それを見せまいと無駄な努力もする。ロバのイーヨーは、住んでいる「しめっ地」と同じで性格も暗く、いつもブツブツ言っている。森いちばんの物知りフクロは、「慣習的処置」なんて難しい言葉は知っているのに、「お誕生日」という簡単な言葉は正しく書けない。しっかり者カンガとやんちゃなルー坊母子や、仕切り屋ウサギはわりと普通だが、仲間と一緒になると、することなすこと笑えてしまう。

言葉を間違うのなんて日常茶飯事。プーの大切なハチミツつぼには、「ハチミチ」と書かれている。コブタは大雨で水に家を取り囲まれると、助けを求める「てまみ」を書き瓶に詰めて流す。会話もずれっぱなし。「ハクシャ（薄謝）」がわからないプーは、どうしてフクロはくしゃみばかりしているのかと聞く。「ハクション」と思ったからだ。てんけん中にクリストファー・ロビンが「奇襲」というと、プーは「木の種類」だと思い込む。「ハリエニシダの木？」フクロが、突然誰かが「とびかかってくる」ことだと教えてくれる。

プーはもう、奇襲とはどんなものかわかってしまったものですから、いつか、じぶんが大きな木からおちたとき、ハリエニシダの木が、とつぜん、じぶんにとびかかってきて、すっかりとげをぬいてしまうまでには、六日もかかったといいました。

「わたしたちは、ハリエニシダの木の話をしているのではありませぬ。」フクロは、すこしおこっていいました。

「ぼくは、してるんだ。」プーはいいました。

森でいちばん賢いクリストファー・ロビンが好きでたまらない「頭のわるい」プーは、じつは百ちょ森いちばんの詩人である。「やせる体操」をしながら、なぞなぞ（じつはイーヨーの愚痴）について考えながら、ごはんを食べながら、プーはふと詩を思いつき、節をつけて口ずさむ。詩には何の意味もない。でも、「タララ・タララ」とか「ホ！　とうたえよ」とか、調子がよくて何となく楽しい。どれも歌いやすそうだ。この森は、プーが作った歌でいっぱいなのである。

たとえ、ぼくが百歳になっても

こんなに楽しいプーの本は、じつは二冊しかない。『プー横丁にたった家』（一九二八）では、プーと百ちょ森にさよならしなければならない。森のてっぺんにある「魔法の場所」で、クリストファー・ロビンは、プーと約束をする。「ぼくが百（プーは九九）になっても」忘れないと。たとえ自分が年をとっても、すっかり変わってしまっても、プーは、そこにいてくれる。忘れずにいてくれる。「あの森の魔法の場所」へ行けば、いつでも会える。そして、いつでもそこへ行くことができる。どんな人の思い出の中にも、一つは、そんな場所があるように。『プーさん』は、時が過ぎても永遠に変わらないものを約束してくれたのだ。変わらずにはいられない、すべての人のために。

ミルンについて

『プーさん』の「おはなしパパ」は、話し上手だったミルンの父ジョン・ヴァイン・ミルンがモデル。一八八二年に三人兄弟の末っ子として生まれたミルンは、父が経営するロンドンの私立男子校に幼い頃から潜り込み、誰も解けない問題を「ぼく、できるよ」と解いてみせるのが好きで、父の「お気に入り」の息子だった。学内誌『グランタ』の編集がしたくてケンブリッジ大学へ進学。二四歳で当時最も有名だった風刺雑誌『パンチ』の編集助手となり、ユーモア作家・劇作家としての地位を確立。息子クリストファーの誕生をきっかけに、子どものための創作をはじめる。子どもの本には他にも、二冊の詩集『クリストファー・ロビンのうた』（一九二四）と『クマのプーさんとぼく』（一九二七）や短編集『こどもの情景』（一九二五）があるが、児童文学作家ミルンの名を不動のものにしたのは、やはり二冊の『プーさん』である。

『風にのってきたメアリー・ポピンズ』

P・L・トラヴァース作／林容吉訳

メアリー・ポピンズは、きょうも鼻を鳴らす

灰島かり

岩波書店，2000年（原書，1934年）

メアリー・ポピンズを世界的に有名にしたのは、ディズニーのミュージカル映画（邦題『メリーポピンズ』一九六四）の力が大きいだろう。映画には歌と踊りの魅力があるものの、私は映画を見て、不満に胸をかきむしった記憶がある。何が最大の不満だったのか？　それはジュリー・アンドリュース演じるメアリー・ポピンズが、明るくにこやかで、とてもいい人に見えたことだ。本のなかでは、メアリー・ポピンズはずいぶん不機嫌で、なかなか意地が悪く、それこそが彼女の魅力だというのに。

批評家のタウンゼンドは「ただの乳母の権力や態度が、まるで神さまのそれに似ている」とコメントしているが、メアリー・ポピンズが時間と空間を超越しているところ、何事も説明を拒否するところは、たしかに神さまのようにえらそうだ。ただ神さまと違っているのは不機嫌で、「フン」と鼻を鳴らしてばかりいること。ではこのよく知られた物語を、「不機嫌」をキーワードとして再読してみよう。

不機嫌という魅力

物語は、二〇世紀初頭の英国のアッパー・ミドルクラスのバンクス家が舞台となっている。四人の子どもたち（姉のジェーンと弟のマイケル、それにふたごの赤ん坊）の乳母を求めた新聞広告に応じて、東風に乗って空を飛んできたのがメアリー・ポピンズだった。彼女は不思議な力を持っており、子どもたちは奇妙で、しかし楽しい体験を重ねていく。

『風にのってきたメアリー・ポピンズ』とこれに続くシリーズでは、物語はエピソードごとに独立していて、それぞれが特徴を持っている。本書では、たとえばポピンズのおじさんが「笑いガス」のせいで身体が宙に浮いてしまうというエピソードは、ナンセンスのおかしさ。雌牛の角に星がささってしまい、雌牛がそれを取り去ろうとして月を飛びこえる話は、マザーグースの謎解き。またプレアディス星団の星の子がクリスマスの買い物にくるというエピソードは、神話的な色彩を帯びている。

ファンタジーと不機嫌

物語全体はコミカルで軽やかな印象なのだが、ファンタジーの部分はそれぞれが思いの外奔放で、宇宙的な広がりさえ持っている。この奔放なファンタジーをしっかりと束ねて、リアリティを保証しているのが、バンクス家の日常生活の描写だろう。子どもたちの日々の暮らしは文句なく魅力的に描かれているが、これにアクセントを加えているのが、メアリー・ポピンズの不機嫌なのだ。

なぜなら不機嫌には、たとえば肩こりや靴ずれと同じように、強烈な身体的リアリティがあるからだ。ぷりぷり怒るポピンズは、いかにも生身の中年婦人らしい。だが一方で彼女は超常の存在なので、ここに新鮮なギャップが生まれる。このギャップだけでも魅力的なのだが、それに加えて、不機嫌は肩こりや靴ずれとちがって「気持ち」の問題なので、どこか正体不明で、相手を不安にさせるところがある。つまり不機嫌のおかげで、ポピンズはリアリティと神秘性の両面を持つことになり、これがファンタジーを滑空させる強力な追い風となっている。

メアリー・シェパードの描いた挿絵

ノスタルジーと不機嫌

もうひとつこの本の特徴は、大人の読者が安心してノスタルジーにひたれることだろう。時代は古き良きエドワード時代であり、時の流れはゆるやかで、人と人のあいだにはしっとりとした情感が保たれている（別の言い方をすれば、アッパー・ミドルクラスの世界が、何の疑いもなく描かれているということだが）。

ノスタルジックな気分をもたらす要因がもうひとつあって、それは「良きものは常に過去にある」という本書のあり方だ。このことを象徴するエピソードに、ふたごの赤ん坊は動物や日の光と言葉を交わす力を持っているのだが、歯がはえてくると同時にこれを失う、というものがある。このエピソードから読者は、ジェーンとマイケルもやがて大きくなること。そうなると乳母が必要でなくなることを思い出すかもしれない。そう、メアリー・ポピンズは、数年先に子どもたちがティーンエイジャーになったときには、「過去」として葬られる運命にある。もちろんポピンズはそんなことなどとっくに承知しているから、自ら西風に乗って去っていく。とはいえポピンズが子ども時代という「過去」に属する良きものだということは、本書にどこか甘く切ないノスタルジックな趣を添えている。もしかしたら彼女の不機嫌は、過去として葬りさられる運命にあるものがあげる、かすかな悲鳴のようなものかもしれない。

現実の乳母の不機嫌

メアリー・ポピンズは乳母《ナニー》なのだが、当時の乳母たちは実際にどういう生活をしていたのだろう。古き良き英国では、乳母たちは世話している子どもが学校に行くようになるか、あるいは家庭教師が来るまでのあいだ、子ども部屋で子どもたちといっしょに暮らしていた。こうして、社交にいそしむ母親に代わって、子育て全般の責任を負ったのだ。実は現代の英国でも、乳母は形を変えて存続している。ヨーロッパ諸国から英語を勉強しにやってくる若い女性たちで、彼女たちにとっては、宿舎と食事を確保できる住み込みの乳母は、人気の職業なのだ。メアリー・ポピンズのような古いタイプの乳母は、一九世紀半ばから、第二次大戦前までが全盛だったようだ。彼女たちは雇い主とは違い、ワーキングクラスか、ロウアー・ミドルクラスの出身で、高等教育を受けていない女性たちだった。そういう女性たちのほうが母性が強いと思われていたのだ。子どもたちとは階級が違っているうえに、子どもが成長すると解雇されるので、あまり情が移らないように、子どもたちと距離をおいて接するよう努力することも多かったようだ。もちろん人によるだろうが、子ども部屋に君臨する不親切な乳母もたくさんいたのだろう。メアリー・ポピンズの不機嫌は、情感をセーブしている「古き良き乳母」らしさに、その一端があるかもしれない。

作者のこと

パメラ・リンドン・トラヴァース（一八九九―一九九六）はオーストラリア生まれ。大学に行かずに、シドニーで女優や詩人として活動していたが、二五歳のときに新天地を求めて、ロンドンへ移住した。自分はアイルランド人だと偽っていた父親の影響が強く、アイルランド文芸復興運動に感心を持ち、関連する雑誌に詩やエッセイを寄稿していた。妖精物語や神話を中心としたケルトの霊的世界にひかれたことは、メアリー・ポピンズのシリーズにも明らかに影響している。ロシアの神秘思想家グルジェフにも強く引きつけれら、生涯彼を師とあおいだことからも、神秘に惹かれる傾向がうかがえる。

『床下の小人たち』

メアリー・ノートン作／林容吉訳

「扉」を開ける物語

西村醇子

おままごとが面白くて

「フィクション」という概念を知らなかった小学生のころ、『床下の小人たち』の世界が「ほんとうではない」とは思わなかった。日本は無理にしても、遠い外国には小人が生きる場所があるかもしれない……そう思うほど、リアルだった。後にこの物語が超自然的な事象を扱う「ファンタジー文学」というジャンルに入ると知ったとき、だまされたような気がしたものだ。

子どものころ好きだった個所のひとつは「床下の家」の描写である。狭小空間でミニチュア家具に囲まれている小人たちの暮らしは、挿絵とともに頭に刷りこまれた。いわばおままごと感覚で楽しんでいたので、いつも親と顔を合わせているアリエッティの不満は理解できなかった。成長するにつれて視野を広げる必要性や、自分だけの時間をもつ大切さがわかっていなかったのである。

子ども時代の思い出はさておき、以下、大人の目で作品世界を見つめなおしてみたい。

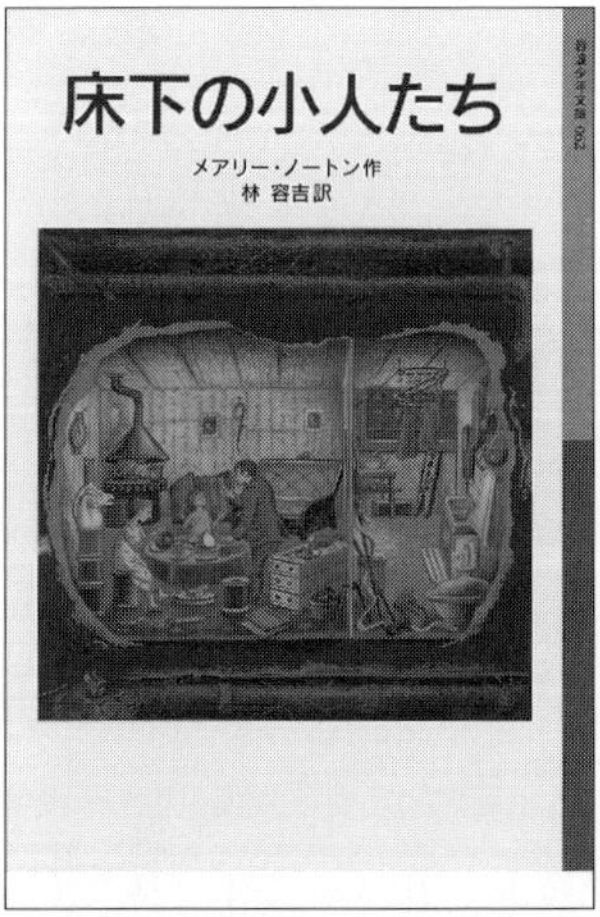

岩波書店，2000年（原書，1952年）

見えない扉

アリエッティは、父ポッドが人間の少年に「見られ」、暮らしのルールを変えるまで、廊下より先に出たことがなかった。扉が複数あるのは猫やネズミの侵入防止用だと思いこみ、一三歳のときに父から示唆される（六章）まで、自分を閉じこめる意図があるとは考えつかなかったようだ。ヴィクトリア時代の価値観を引きずっている両親は、妻子の居場所は家庭であり、「家」は自分たちの城だという認識で娘アリエッティを育てていた。結果としてアリエッティもその考えに馴らされ、別の考え方はもちにくかった。

とはいえ、ファーバンク邸の床下にある彼らの家は、本当に安全な城だったのかどうか。アリエッティに掛け金が開けられないということは、万一のとき床下に閉じこめられ、餓死する危険を意味する。ストーブ下の古いネズミ穴を利用して直接台所へ出る予備ルートがあるといっても、ストーブが燃えている間は使えないし、また、ひとりでは上れない。床下に通風と多少の景色を提供する格子窓も、鉄格子があるので出入りには使えない。ほかの小人家族が屋敷外へ移住したとき、一家は残ることを選択したというが、「人間のいる屋敷での暮らし」にこだわった結果、床下に拘束されたともいえる（これは読み手にも不安を与える）。ホミリーは、家庭を居心地良く切り盛りすることで、不安や不満を紛らわせていたが、アリエッティの中で不満が膨らんだのは自然の成り行きだったろう。

屋敷にはほかにも不自由をかこつ人びとがいる。狩猟事故以来寝たきりの大伯母ソフィーと病後の回復期にあった少年である。とくにインドから帰国した少年は、物理的にはポッドより大きい強者だが、人間世界ではソフィー大おばさんや料理人に支配される弱者である。子どもは、いつ・どこにいるかを選べない。そう考えると、アリエッティも少年も、ヴィクトリア時代の価値観に由来する、見えない扉に閉じこめられていたことになる。

開かれた扉

桜が咲く春のこと、アリエッティが初めて床下から出ることを両親に許された日、玄関の扉は「夢にみたおとぎの国の入り口のように」開いていた。念願の戸外へ出た彼女は、陽光を浴びる、外を

ベス・クラッシュとジョー・クラッシュによる原書挿絵

走る、草花を楽しむ、青空を仰ぎ見るといった行為に夢中になる。だが、歓びに水をさしたのは、人間の少年に見られたことであった。しかも少年は現在この屋敷にクロック一家しか残っていないことから、小人たちが滅びの危機にあるといいだす。最初は笑い飛ばしたアリエッティだが、少年と話した夜、考えこんでいる（一一章）。かなりの衝撃を受けた結果だろう。

その後、少年から小人たちへの贈り物が度を越したとき、料理人に怪しまれた小人たちは結局、脱出を迫られる。主人公が何かのきっかけで家から危険にみちた世界へ旅立ち、苦労しながら自分の未来を切り開く、というのは古くからあるモチーフである。ただ、昔話と異なり、家族がそろって旅立ち、家庭の意味、小人が生き延びるために必要なことが語られている。さらに思春期を迎えた主人公に注目すれば、親に庇護されていた無垢な子ども期から、ともに危機に立ち向かう成長段階へ入る。アリエッティは、ヴィクトリア時代的な価値観を脱し、人生を切り開く少女として、現代的な文学への「扉」をあけたとも考えられよう。

必要なことを教わった！

『床下の小人たち』は、勉強しているという意識をもたせず、さまざまな情報を与えてくれていた。

ダイアナ・ウィン・ジョーンズの『魔法使いハウルと火の悪魔』には、ハウルが麺棒や帽子ピンをもったご婦人方に追われた話が出てくる。ある時、麺棒はともかく、帽子ピンをよく知らないという読者に出会った。帽子ピンは、ブローチを服に留めるように、帽子を頭髪に留めておくのに使うアクセサリー。全体に待ち針を長めにしたようなもので、先端は尖っている。〈床下の小人たち〉シリーズで、身を守る道具として便利だとされていたので、ハウルがこれで脅迫されることも理解でき、疑問をもたずにすんでいたと気づいた。

ファーバンク邸には用途別にさまざまな部屋が存在している。キッチンや寝室、応接間のほか、食器洗い場、朝食の間、勉強用と寝るための二種類の子ども部屋、狩猟用具室などがあることや、家具が多いこと、また（訳本では瀬戸物焼き場になっているが）園芸用具小屋と庭師の存在は、敷地の広さを示している。

注目したいのは、住みこみの使用人が料理人と庭師の二人という点だ。これは、作品の時代設定と関わる。アリエッティの「現在」が、ヘンドリアリおじさんが客間女中に見られた一八九二年の何年後なのかは書かれていない。だが、一九世紀末からすでに起きていた使用人不足が二〇世紀には深刻化したことと重ね合わせると、二〇世紀初頭だろう。歴史的には、とくに第一次世界大戦を分岐点として、戦争によって後継ぎを含む次世代を失い、経済の悪化も加わって、カントリーハウスそのものの維持がより困難になっていたという。物語の語り手はその後ソフィー大おばが養老院へ入るとき、屋敷も売りに出されたと述べている。小人の危機と屋敷の危機はリンクしていたのである。

作者について

イギリス生まれのノートンは作品の舞台レイトン・バザードで子ども時代を過ごした。近眼で遠くの風景が見えなかったことが、小人の物語の発想につながったという。結婚後はポルトガルに住み、その後渡米中に生活のために執筆を開始し作家となった。カーネギー賞を受賞した『床下の小人たち』は六一年に完結したと思われていたが、八二年に五冊目がでた。また短い外伝が一冊ある。魔力をもたない小人たちの運命は巻ごとに暗さを増していくが、それは彼らと関わる人間の未来をも考え直させる。なお、一冊目から三冊目までは外枠に小人の物語を語る女性とその聞き手が登場しており、この語りの構造にも注目が寄せられている。

『グリーン・ノウの子どもたち』

ルーシー・M・ボストン著／亀井俊介訳

さくまゆみこ

古い屋敷をめぐるタイム・ファンタジー」

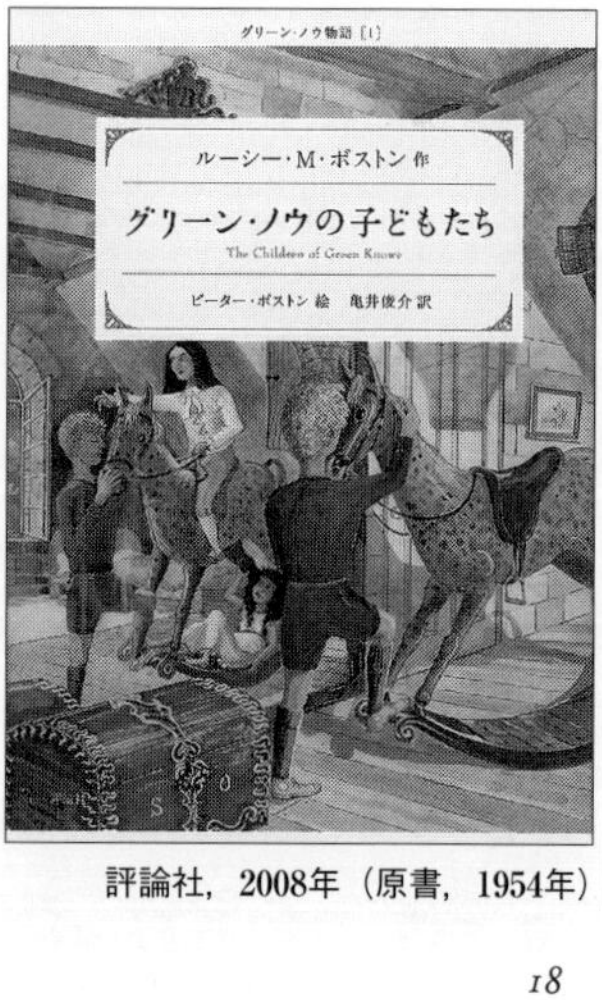

評論社，2008年（原書，1954年）

孤独な少年とひいおばあさん

子どもは友だちと楽しく遊ぶのがいちばんだと思っている人は多いが、逆に孤独で静かにしている時間も子どもにとっては大事である。そうした時間の中で子どもは、普通なら見えないものを見たり、聞こえないものを聞いたりしながら想像力をめぐらせていく。

この作品の主人公の少年トーズランドも孤独である。生母とは死別し、ビルマにいる父親が再婚した相手の継母とはうち解けることができない。ふだんは寄宿学校で暮らしているのだが、七歳の冬の休暇を過ごすためにひいおばあさんの住む館に出かけていく。

ひいおばあさんのオールドノウ夫人と会うのは初めてなので、怖いくらい年を取っているのではないか、とか、もしかしたら魔法使いなのではないか、と少年は心配している。雨が降り続けてあたりが水浸しになっていることも、少年の不安に拍車をかけている。

でも、老婦人と少年はすぐにうち解けてしまう。児童文学に老人と子どもが世代を超えて心を通わせる場面が書かれることは多いが、この作品に描かれた出会いもなかなかいい。オールドノウ夫人は、初めて館に足を踏み入れた少年に、「とうとう、帰ってきたわね！」と言う。その一言で少年は前から曾祖母と知り合いだったような気になり、不安も遠慮も吹き飛んでしまう。

オールドノウ夫人は、必要なことは教えてくれるが、子どもにべったりではない。少年は独りでいることも多いのだが、大好きな人に守られているという感覚があるために、退屈することもなく幸せな時を過ごすのである。

不思議な古い館

物語の舞台は、お城のような古い館で、ボストンが大いに気に入って実際に暮らしていたマナー・ハウスがモデルになっている。ケンブリッジに近いヘミングフォード・グレイにあって一一三〇年ごろに建てられたと推定されるこのマナー・ハウスは、今でも人が住んでいるという意味ではイングランド最古の家屋である。私は、一九九九年にこの館をたずね、お茶をごちそうになりながら、著者ルーシーの息子であり、彼女の作品の挿絵画家でもあり、トーズランドのモデルでもある故ピーターさんと、その妻ダイアナさんからいろいろな話をうかがうことができた（ついでに言うと、ルーシー・ボストンはすぐれたパッチワーク・キルトの作り手としても有名で、ダイアナさんは「ハイ・マジック」とか「カレイドスコープ」などと名のついた美しい作品の数々も一つひとつ説明しながら見せてくださった）。

一メートルもの厚さの石壁が使われている館には要塞としての意味もあり、昔は二階から出入りをしたのだという。何世代にもわたる住民を見守り続けてきた館は、長い歴史がしみついた不思議な雰囲気をもっている。

グリーン・ノウの庭とトーリー

昔の子どもたちがそこにいる

トーズランド（オールドノウ夫人からはトーリーと呼ばれる）はここで、三〇〇年前に暮らしていた子どもたちと出会う。最初は揺り木馬がキーキー鳴る音がしたり、笑い声が聞こえたりするが、昔の子どもたちはなかなか姿を現わさない。古い館や庭のあちこちに気配やしるしを残しておくだけだ。会いたい気持ちをつのらせた少年が昔の子どもたちに初めて出会うのは、ある雪の日、イチイの木の下である。

なかにはいると、枝が梁やたる木のように張って、高いテントのようなかたちのへやになり、雪の壁をすかして、明るいオパール色の光がさしこんでいた。そのまん中に、幹にもたれて、トービーとアレクサンダーがいた。リネットは、二人の足もとのイチイの枯れ葉のじゅうたんの上に、すわっていた。フルートをふいているのは、もちろんアレクサンダーだった。かれがフルートをふいているあいだに、赤い小リスがそのからだをかけあがったりかけおりたりして、ポケットの木の実をさがしていた。

トービーは、鹿にえさをやっていた。それはからだに美しいまだらがあり、耳が黒く、胸が白い、生きた鹿だった。鹿は小羊のように尾をふりながら、トービーの手からえさをもらって食べていた。リネットは、せい高のっぽの野ウサギを立たせ、音楽にあわせ、ダンスをさせて、遊んでいた。（中略）

トーリーは、三人が消えてしまいはしないかと、息をするのも身うごきするのも心配だった。だが、三人の目は、トーリーのほうをむいて、わらっていた。トーリーは、雪の壁のそばにそのまま腰をおろし、だまっていた。

そして今でも……

「この家に暮らしていて、昔の子どもたちの気配を感じることがありますか？」と私がたずねると、ダイアナさんはにっこり笑いながら、「アレクサンダーのフルートの音が聞こえることがありますよ」とおっしゃった。

この館はまた、ピーターさんとダイアナさんの手によって物語の世界のままに保たれていた。トーリーが最初に足を踏み入れて、冬のさなかに花がいっぱい飾ってあるのでびっくりした玄関の間も、騎士の間のような音楽室も、トーリーが泊まった木馬や鳥かごのある屋根裏部屋も、物語に登場するままに残されている。ヒワ鳥が鍵をもってきてくれたのであけることができた箱も屋根裏部屋においてあり、その中には物語に登場するフルートやドミノゲームやロシアの入れ子人形、トービーの剣、ガラスのビー玉などが入っている。この館を訪れるということは、物語の世界に入り込むことでもあるのだった。

とはいえ、実際にマナー・ハウスを見たことがなくても、読者は物語の世界にずんずん入っていける。行き場を失った孤独な子どもが昔の子どもたちと話したり遊んだりする、という設定は、〈グリーン・ノウ〉シリーズの他の作品とも共通しているが、作品にしっかりと描きこまれた館や庭の描写のおかげで、その「魔法の時間」がリアリティをもって迫ってくるのである。

ルーシー・M・ボストンのこと

イギリスのランカシャーに生まれたボストン（一八九二—一九九〇）が児童文学を書きはじめたのは、なんと六〇歳を過ぎてからのこと。本書を皮切りに古い館を舞台にした物語を『グリーン・ノウの煙突』（一九五八）、『グリーン・ノウの川』（一九五九）、『グリーン・ノウのお客さま』（一九六一）、『グリーン・ノウの魔女』（一九六四）、『グリーン・ノウの石』（一九七六）と次々に発表し、館を訪れた難民少年ピンが動物園から逃げてきたゴリラのハンノーを助けようとする姿を描いた『グリーン・ノウのお客さま』でカーネギー賞を受けている。このシリーズのほかに、『みどりの魔法の城』（一九六五）、『海のたまご』（一九六七）、『リビイが見た木の妖精』（一九七一）、『よみがえった化石へビ』（一九七五）などの作品、そして自伝『意地っぱりのおばかさん』（一九七九）が日本でも翻訳出版されている。

『トムは真夜中の庭で』

フィリパ・ピアス作／高杉一郎訳

田中美保子

庭の魔法

岩波書店，1967年（原書，1958年）

ベストセラー中のベストセラー

この作品ほどベストセラーという名にふさわしいものはない。また、この作品が、各国で、どれほど多くの児童文学作家や編集者、研究者を生んできたか計りしれない。本国でも、愛読者の第二、第三世代にその魅力が確実に伝達されているようだ。劇化したものが、二〇〇五年一二月に、児童劇専門のユニコーン劇場（ロンドン）のこけら落としで再演された。日本でも、ピアスの作品の中で、とにかくこの作品が好きだという人が多い。そうした人気の秘密は、推理小説的な謎解きのおもしろさや、アパートの舗装された庭が一三時にタイムスリップして古い屋敷の庭園に変わるという設定、最後の大団円で、それまでの緊張が一気に温かい涙に変わり救いがもたらされるところなどにあるのだろう。

青草を踏みしめて

初めて読んだ時に、私が感動したのも確かにそういうところだった。でも、長年繰り返し読んできて、今、私が魅かれるのは、むしろ、もっと平凡なところになった。

たとえば、この作品にかかわらず、ピアスの文章からは、常に、英国南部の青草の香りが漂ってくる。そこに魅かれる。舞台は、ハムステッド・ヒースや、牛馬が草をはむケンブリッジ郊外の放牧地や、古い屋敷の裏庭だったりする。その青草の上を、犬を連れて悠然と、しかし、一歩一歩大地をしっかりと踏みしめながら朝な夕な歩いている作者の姿に、何度となく出会ってきた。そうした日常を繰り返しながら、周囲の人間や動物をしっかり観察している作者の目線を感じつつ。それは、デビュー作『ハヤ号セイ川をいく』（一九五五）から最新作『川べのちいさなモグラ紳士』（二〇〇四）まで半世紀間変わらないピアスの姿だ。

屋敷の庭への思い

踏みしめてきた草のなかでも、ピアスがかくべつな思いを寄せているのは、自分が子どものころ、明けても暮れても遊んでいた生家の裏庭、『トムは真夜中の庭で』の舞台である。本人も、屋敷、とくに庭がなくなってしまうかもしれないという焦りがこの作品を書くきっかけになったと述べている。この作品は、タイムファンタジーの代表作としてしばしば引き合いに出されるのだが、ピアスがいちばん書きたかったのは、時間の謎解きやタイムスリップの妙でも、冒険を通したトムという少年の成長でもない。四季折々、時々刻々と変わる、青い芝草の茂る庭そのものだったのではないか。この作品の主役は、庭なのだと思う。たとえば、第五章冒頭に、「夜どおし、月の光に照らされてか、あるいはくらやみにつつまれて、目をさましつづけていた庭園は、ながい夜のねずの番につかれはてて、いまうとうとしているところだった。」という一文がある。

高杉一郎の訳文も、原文に負けない美しさだ。このくだりを初めて読んだ時、私は、自分が「うとうとしている」庭の中に立っているかと錯覚した。子どものころ、『秘密の花園』を読んだ時の興奮がよみがえってきた。そして、二〇年近く前に初

日時計のある煉瓦塀

めて、舞台となった屋敷の裏庭に立った時には、この庭はまさに実在しているという圧倒的な現実に、めまいすら覚えた。イギリスの庭園では walled garden をよく見かけるが、どんな庭でも、塀で囲まれたこうした一画に入った途端、この作品のハティやトムの姿が重なるようになった。

一三時の不思議

ピアスはリアリストである。したがって、その作品の多くは、なじみ深い土地や風景から生まれているし、『トム』の屋敷も実在だ。では、一三時はどう捉えたらよいのか。最新作『モグラ』を読んだ時、答えが見つかった気がした。ピアスにとっての魔法は、特別な仕掛けにあるわけではない。人間と人間、人間と動物が、共に過ごした濃密な時間にこそあるのだ。三〇代終わりにこの作品を書いた時には、ピアスも、そうした不思議を、トムの時の謎解きを通して説明しようと試みた。それによって本作に、推理小説的緊張感を加えることにも成功した。しかし、八〇代半ばに書いた『モグラ』では、魔法は説明されない。人間の営み、生物の営みの一端として、さらりと、魔法は魔法なのだと描かれる。

考えてみれば、トムとハティの出会いも、一見、一三時の不思議によって可能になったように思わせられるものの、じつは、日常の時の中でも可能であったということが最後に明らかになる。トムとハティの再会の場面を読んだ者は、そのことを知り、不思議が現実でありうることに、深い安堵感を覚えて感動するのではなかろうか。

そうなのだ。トムとハティの一見不思議な出会いも、じつは、ピアスは、タイムファンタジーだから可能になった、と描いていない。どんな理屈をもってしても説明できない謎、一瞬一瞬の日常を濃密に過ごしていれば、どんな人にも訪れる可能性のある魔法がある。そういう不思議が私たちの人生にはあるということ、そのこと自体が魔法であり、ドラマなのだということを示しているのだ。そこに理屈はいらない。

物語の魔法

作家の年齢・経験、時代の要求、子どもの本の作家としての意識、何もかもがぴったりそろった時に、時代を代表し後世にも読み継がれていくような傑作が生まれる。それもまた、魔法である。この作品も、そうした「魔法としかいいようのない」時宜を得て出来上がったと言えるだろう。出版当時の熱狂的な人気ぶりについて、「あの時代の『ハリー・ポッター』」と振り返る人さえいる。また、読み手にとっても、ある一冊の本との出会いが時宜を得ると、一生の旅の友となることがある。この作品が、本国でも日本でも数限りない人たちにとって、そうした一冊となってきたのは、まったく不思議ではないが、そこにもまた魔法を感じる。私自身がこの本と出会ったのは、二〇歳の頃だった。トムと同じ年ごろの子ども時代に読めなかったのだけは残念なのだが、その分も、今後、六〇、七〇、八〇代になった時に、自分がこの本をどんな風に読むのか、今から楽しみだ。

ピアスについて

ピアスの作品とケンブリッジとは切っても切り離せない。一九二〇年に、郊外のグレイト・シェルフォード村の製粉業を営む家に生まれ、地元のケンブリッジ大学ガートン・コレッジに進学。卒業後、BBCで子ども用番組の脚本・制作の仕事に携わる間、しばしロンドンで暮らすが、一児をもうけた後、再び生家近くに戻り、以後、同地で、土地に根づいた人びとの日々の暮らしや自然を作品に紡いできた。本人も認めるように、ラジオの脚本を通して培われた無駄のないストーリーテリングの技と緻密な構成力にはとりわけ定評がある。寡作な作家だが、前出『ハヤ号』『モグラ』のほか、長編に『まぼろしの小さな犬』（一九六二）、『サティン入江のなぞ』（一九八三）など。短編の名手でもあり、『幽霊を見た10の話』（一九七七）、『こわがってるのはだれ？』（一九八六）ほかがある。本書『トム』で、カーネギー賞を受賞。最新作『モグラ』は、ガーディアン賞の最終候補に残った。

老境にはいったピアスには、日常の魔法をいっそう楽しんでいる余裕がうかがえた。『トム』原作刊行の五〇周年を目前に急逝したが、今もまだ、愛犬とともに、生家の見える牧草地の青草を踏みしめながら、満ち足りた時を過ごしている姿が目に浮かぶ。

『オズのふしぎな魔法使い』

ライマン・フランク・ボーム作／宮本菜穂子訳

井辻朱美

児童文学初のサイボーグ

松柏社，2003年（原書，1900年）

テクノロジーの生んだ仲間

孤独な子どもの前に現われて秘密の友だちになってくれる存在は、これまでは妖精やこびとと相場が決まっていた。花の妖精でも、北風さんでも、トムテでもいい、とにかく自然界に属する超常的存在だった。ところがこの物語では、少女ドロシーの仲間となるのは、かかしとブリキの木こりとライオンという、いまひとつ出自が高貴でない（？）三人組だ。しかもかかしは頭に藁しか入っていないので脳みそを、木こりはハートがないのでハートを、ライオンは臆病なので勇気をほしがっているというややなさけない設定だ。

しかし幼いころから筆者はいたくこの物語が気に入っていた。つらつら考えてみるのに、それは彼らの身体の直接性というか物質性の面白さゆえだったのではないだろうか。ことにライオン以外のふたりは、妖精とは別の意味で不死身だ。中身の藁を全部出されてばらまかれてしまうかかし。涙でも流そうものなら関節がさびつき、そのまま立ちんぼうとなるばかりか、金属の身体をパーツに分解され、おまけにべこべこにへこまされてしまうブリキの木こり。それでも彼らは丁寧な職人や工人の手で、前以上に小ざっぱりときれいになってよみがえる。

しかもブリキの木こりは驚くなかれ、元は人間だったのである。魔女の呪いのおかげで、斧を振るたびに自分の手や足を切り落としてしまい、そのつど、ブリキ屋に義手、義足を作ってもらい、そのうちに全身が義体になってしまったという、まさに児童文学初のサイボーグだ。サイボーグという言葉を知ったのは何年か後だったが、メタルヒーローのはしりとしての悲劇的なブリキの木こりが、私は大好きだった。

色彩の魔法

少女ドロシーが貧しい農場暮らしの叔父、叔母と住むカンザスは「四方に果てしなく広がった灰色の大草原だけ」しかなく、太陽に照りつけられて、畑も灰色なら、家もペンキが色あせて灰色だ。そこへ、ある時空がいつもよりもっと灰色になって竜巻が襲ってきて、家ごとすばらしく美しい真っ青な国へ飛ばしてしまう。そこは小さい人マンチキンの国で、みんなが青色の服を着ている。彼女の家が東の魔女を押しつぶしてくれたというので大喜びだ（ここですでに人体が、妙に人形的にあつかわれていることにも注意したい）。

カンザスへ帰りたいなら、と、マンチキンたちは偉大な魔法使いオズの住むエメラルドの都へ行くことを勧め、黄色いレンガの道をたどってお行きなさいと言う。灰色の世界から一転して、色の氾濫する世界が開ける。ドロシーは道中で、例のかかし、ブリキの木こり、ライオンと知りあい、それぞれがオズに願いをかなえてもらうためにこの旅に加わる。黄色い道、赤いけし畑、後に出てくる金色の帽子、そしてまぶしい緑の都と、この色彩オンパレードは人工的なまでにまぶしい。そしてやっと出会えたオズもまた、魔法使いではなく、鬼面、人を驚かすからくりを操る科学者だった。しかも元はといえば、サーカスの気球乗りだったのだ。

今にして思うと、この世界は仕掛けも趣向も、ほんとうにディズニーランドそのものではなかったか。テクノロジーの生みだす魔法の世界。

オズの課した「西の魔女を殺せ」という難題も、半ば偶然に助けられたドロシーが、魔女に水をかけて化学反応よろしく溶かしてしまってクリア。ここには他にもせともの人の国や、腕のないかなづち頭の国などがあって、まさにおもちゃ箱をひっくり返したような人工生命の楽園だ。

それでもドロシーは、貧しくて灰色のカンザスの「自然」に帰りたいと願う。

東の魔女からとった銀の靴のかかとを三度打ち合わせて……。

書かれつづけた一三篇の続編

と、めでたく結びにあいなった第一作だが、子どもたちの大好評を受けて書かれつづけた続編の中で、しばしばオズとカンザスを行き来しているうちに、ドロシーはついにオズの王女としてこちらに移り住んでしまう。生活に疲れてしまった叔父さん叔母さんもいっしょだ。このへんの掟破りも大胆にして新しい。

ドロシーとブリキの木こりとかかし

ボームは子どもたちのアイデアを積極的に取り入れ、奇想天外な住民や生き物を生みだしつづけた。紙細工人間のチョッキンペットなどはともかく、二作めに現われる車輪人間（ホイーラー）などは四肢の先が車輪になっているという、さらにグロテスクなサイボーグである。オズの国本来の支配者であったオズマ姫は、魔女の呪いで男の子に変身させられ、ずっと男の子として育ってきていたのを、性転換して少女にもどる。ジェンダーSFの萌芽をここに見ることもできるだろう。また、彼（彼女）がこしらえたかぼちゃ頭のジャック人形や、ドロシーたちが魔女に追われて逃げるためにソファとかもしかの剝製の頭と棕櫚の葉をひもで結びあわせてつくりだしたガンプが、魔女の生命の粉でたちまち生き物となって動き出す趣向も見逃せない。戸棚にいくつもの首を保存して、気分転換に毎日首を取りかえる王女さまもいる。

こう書いてみると、〈オズ〉シリーズはゴシック・ホラーでもあり、フランケンシュタイン物語でもあり、ロボット工学でもあって、子どもはもちろん、大人にとってはたまらない含蓄と現代性を感じさせる。

ミュージカルと映画のヒット

ボーム自身が脚本を書いた『オズの魔法使い』のミュージカルはシカゴで大ヒット、ブロードウェイでも一八カ月に及ぶロングランになった。ジュディ・ガーランド主演の映画（一九三九）は主題歌「虹のかなたに」とともに有名で、いまだにクリスマスには上映されるという。その他、マイケル・ジャクソンやダイアナ・ロスが出演した黒人ばかりのミュージカル『ウィズ』（一九七四初演）や、ディズニーによる続編『オズ』（原題 *Return to Oz*, 1985）など、〈オズ〉シリーズの人気は衰えない。

ライマン・フランク・ボーム（一八六五―一九一九）は、何冊か子どもの物語を書いた後、真にアメリカ的な物語を書こうと意気込んで、本作を書いた。ヨーロッパの伝統的妖精物語からの決別を告げる、画期的なファンタジーの誕生であった。

邦訳も多いが、この松柏社の訳本は、初版の画家デンズロウの味のある挿絵を復刻したもので捨てがたい。

『エルマーのぼうけん』
ルース・スタイルス・ガネット作／渡辺茂男訳

空を飛びたかったのは誰？

西村醇子

福音館書店，1963年（原書，1948年）

出会いのタイミング

子どもの本の中には、子ども時代に出会っていればもっと楽しめたのに、と思うものがある。『エルマーのぼうけん』もその一冊で、小さい時に読んだ覚えがない。もっとも、訳本が出たころ、私は一一歳。この本を見かけても、小さい子向けだと思ってそっぽを向いただろう。子ども時代の愛読書だったといえる児童文学者たちが羨ましい。

『エルマーのぼうけん』は、エルマーがどうぶつ島へ行き、虐待されていた子どものりゅう（ドラゴン）を救いだす話である。続編として、家に帰る途中で寄ったカナリヤ島でのエピソードを語る『エルマーとりゅう』と、故郷へ戻ったりゅうがエルマーの助けを借りて窮地の家族を救う話の『エルマーと十六ぴきのりゅう』がある。だが『エルマーとりゅう』から読んだため、面白くないとそっぽを向いた。二冊目には、一冊目の虐待されていたりゅうを救出するほどのドラマ性もないし、品物を活用していくエルマーの機転の面白さもなかったのである。

子どもと子どものりゅう

竜（ドラゴン）は伝承の生き物で、西洋世界では伝統的に悪の象徴とみなされ、絵画から文学まで、さまざまな竜退治が描かれてきた。つまり大きくて怖い怪物というイメージがあったからこそ、竜を「退治」する物語や、「飼いならす」物語が成立したのである。

児童文学で有名な竜といえばケネス・グレーアムの「おひとよしのりゅう」があげられる。少年と友だちになるのは、詩作が好きで平和主義の成長した竜である。いっぽうネズビットは、子どもが勇気と知恵を駆使して大小の竜を退治したり手懐けたりする短編を多数書いている。こうした先行作品と比較すると、九歳のエルマーが、大きな竜を退治するのではなく、竜の子どもと仲良くなる設定は、それなりに合理的だといえるだろう。

物語のはじまりは、エルマーが年とった野良猫を家に住まわせたいと願ったことだった。だが、母親は息子の優しさを誉めるどころか、彼をむちでたたき、猫を窓から放りだす。その後公園で猫とおちあったエルマーは、猫から「かわいそうなりゅう」の境遇をきき、家出をしても助けに行こうと決意する。

注目したいのは、大きくなったら飛行機で空を飛びたいというエルマーに猫がりゅうの話を持ち出したことである。エルマーがりゅうに同情する背景には、母親への怒りも見え隠れする。翻訳では angry の訳が省かれ、わかりにくいのだが、英文では「ねこにあんまりしつれいなことをした」に続いて、「とても腹が立った」（拙訳）と書いてある。そして「しばらくにげだすことなんかへっちゃらなきがした」。エルマーは、母親に猫を拒否されて初めて自分の立場を認識したのである。猫を飼うことも、好きなところへ行く自由もない子どもなのだ、と。

猫は、昔話によく登場する援助者の役割を果たしているが、子どもにとって身近な動物である。その猫をきっかけとすることで、日常から非日常的空間への移行が自然に行なわれている。作品の世界については、別の角度からも考えてみよう。

りゅうの救出

冒険の舞台はどこ?

エルマーは港からこっそり船に乗り込み、七日目にみかん島へ着き、そこからどうぶつ島へ渡っている。現実レベルで九歳の子どもが密航することは（ありえないわけではないが）、にわかには信じがたい。同様にトラやライオン、そのほかの動物をガムやリボンなどで手懐けることも不可能だ。センダックの『かいじゅうたちのいるところ』でマックスが子ども部屋から一歩も出ずに、空想世界で冒険してきたことを思えば、エルマーの旅も、じつは子ども部屋内の話だったのでは、と考えたくなる。

この仮説を後押ししたのが、ぬいぐるみを連想させる、「からだにはきいろと、そらいろのしまがありましたよ。つのと、目と、足のうらは、目のさめるような赤でした。」というりゅうの描写である。挿絵も、ぬいぐるみのイメージを補強している。またミルンの『クマのプーさん』のように、ぬいぐるみを主人公とする物語もある。そこでエルマー少年もまた、ぬいぐるみのりゅうを助けるために、ぬいぐるみのワニやライオン相手に冒険をした、と解釈したのである。

とはいえ、子ども部屋内の冒険説には欠陥がある。『かいじゅうたちのいるところ』では冒険から戻ったマックスの夕食がまだ湯気をたてていたとあり、時間的にもほとんど経過していないことが示されている。ところが『エルマーとりゅう』で帰宅したエルマーを迎えた親は「この二しゅうかん、どんなにしんぱいしたことか」と述べ、エルマーの不在を明らかにしている。一冊目の冒頭にいるはずの聞き手「ぼく」に、「とうさんのエルマー」が、子ども時代の話をつくって聞かせているとしても、残りの話から「ぼく」が消えてしまうため、そうだとも断定しがたい。いずれにしろエルマーは昔話的な別世界で冒険していると見てよいだろう。でもその別世界はどこにあるのだろうか？　どうぶつ島が子ども部屋にないとすれば、どこだったと考えられるだろうか。

手がかりになりそうなのが、エルマーが猫と「いっしょにこうえんへさんぽに」いったという文章だ。エルマーが住む町には、近所の公園のほかにも、大きな公園があるのかもしれない。もしそれがロンドンのリージェント・パークやニューヨークのセントラル・パークのように、川や池、温室（ジャングル）や動物園まであったとしたら、この大きな公園が「みかん島」や「どうぶつ島」の舞台になったのではないだろうか。

エルマーとは誰か？

子どもの本の名作には、身近な子どものために書かれたものが多い。だが、ガネットの場合は、職探しをしていた独身時代に自分の楽しみのために書き、家族に聞かせたものだという。その後イラストレーターを探しているときに未来の夫と出会い、画家だった義母が挿し絵を描いている。これが物語誕生のエピソードだが、さらに時代にも目を向けてみたい。

ガネットはニューヨーク市生まれ。ヴァッサー大学で化学を専攻し、一九四四年に卒業する。当時アメリカは第二次世界大戦中で、国内のさまざまな職種で女性が男性の代わりをしていた。ガネットも医療技術者となったが、戦後は職を失った。ガネットがエルマーを主人公として冒険物語を書いたのはこの時期である。これは推測にすぎないが、男性に振り回される女性の立場を、大人に左右されるエルマーと重ね合わせ、自分たちの能力や可能性を示したかったのかもしれない。また空を飛ぶことへの憧れは、自己の世界を広げたい、という強い気持ちと重ねられるだろう。男性パイロットは戦争中に空で活躍したが、りゅうのような派手な飛行機があったら、たちまち敵の攻撃を受けていたはず。つまりりゅうは、軍用飛行機とは対極の、平和の象徴になる。ガネットはりゅうの背に乗るエルマーをとおして、女性の夢を語ったのではないだろうか。

『テラビシアにかける橋』

キャサリン・パターソン作／岡本浜江訳

横田順子

魔法の王国の光と影

偕成社，2007年（原書，1977年）

主人公ジェシー・アーロンズは、一〇歳の少年。バージニア州の農村に、両親、ふたりの姉、ふたりの妹の七人家族で暮らしている。愚痴や小言の絶えない両親に、ジェシーを馬鹿にする姉たち、しじゅう彼にまとわりついてくる妹と、ジェシーの生活には、プライバシーや心の平穏がない。

はみだし者同士の出会い

そんなある日、隣の農場に、ある一家が引っ越してきた。ともに著述家であるバーク夫妻と、その娘レスリーである。レスリーは、男子にまじって女子で一人だけ徒競走に加わり、他の子どもたちと違う服装をし、テレビのない家に住んでいる。ひときわ個性を放つレスリーは、保守的なバージニアの学校に溶け込まなかった。ジェシーは、そんなレスリーに魅力を感じ、親しくなっていく。

「ヒッピー」や「平和主義者」という言葉が侮蔑をもって語られ、よそ者が受け入れられにくい閉鎖的な共同体の中で、周囲の人びとと違う行動をするのは勇気がいる。しかし本心を押し殺しながらなんとか日々を無事やりすごしてきたジェシーも、家庭で、学校で、常にどこか溶け込みきれない違和感を抱えていた。ふたりが互いに魅かれあったのは、そんな違和感に共鳴したからだろう。彼らはお互いを好きになり認め合うことで、周囲に迎合できない自分自身に自信をつける。そうすることで、違和感をも含めた「自分らしさ」に真正面から向き合っていくことができるのだ。

五人きょうだいの真ん中で窮屈に育ったジェシーと、一人っ子で孤独なレスリー。常に生活に困っているアーロンズ家と、金と成功に価値をおく人生を改めようと都会から田舎へと移ってきたバーク家。教養のないジェシーの父と、知的だが力仕事や手仕事の苦手なレスリーの父。ふたりを取り巻く環境は、正反対だ。しかし周囲の喧騒をよそに、お互いだけを一生懸命見つめようとするふたりは、ひたすら純粋で切ない。ふたりの交流が、どことなく映画の『禁じられた遊び』（一九五二）を思い起こさせるのは、その無垢な魂の結びつきと、秘密の営みゆえだろう。秘密の営み。それは、森にふたりだけの王国を作ることだった。レスリーはそこを「ナルニア」のような魔法の国にしようと提案し、「テラビシア」と名付ける。

想像の力、名作への敬意

空想の国へのレスリーの導きにジェシーがすんなりと従えたのは、彼もまた豊かな想像力の持ち主だったからだろう。絵を描いていると「ぼんやりした頭に、平和がひろがりはじめる」という彼もまた、根っからの芸術家だった。

ふたりはテラビシアに砦となる城をつくり、その支配者となる。支配者になるということは、思うがままに振舞えるということだ。ジェシーは煩わしい日常から解き放たれ、かつてないほどの自由と充足感を味わった。ここにいれば「なにもかもがだいじょうぶのように思えてくる」「ふたりが全世界を支配していて、どんな敵もせめてはこない」と。王と女王になりきるごっこ遊びに夢中になり、森の精霊を敬い、この領域を神聖な地と信じきるふたりの姿は、内側から人を支える想像力の強さと尊さを体現している。

レスリーとジェシー

レスリーが言及した「ナルニア」とは、イギリスのファンタジー作家C・S・ルイスが、全七巻から成る〈ナルニア国ものがたり〉（一九五〇―五六）の中で創造した架空の国である。読書好きのレスリーは、「ナルニア」のみならず、ジェシーに文学の手ほどきをし、彼に新しい世界の扉を開いてやる。この作品には、さまざまな名作への誘いがある。シェイクスピアの『ハムレット』やメルヴィルの『白鯨』など、ジェシーと一緒にレスリーの読書案内に導かれるのもまた作品の楽しみ方のひとつだろう。

劇的な結末

作品の後半、物語は急展開を見せる。そのドラマティックな結末は、ここではふせておくとしよう。しかし、ふたつのことだけ述べておきたい。

ひとつは、いささか唐突なこの展開には、作者パターソンの実体験に基づく祈りが込められているということだ。パターソンの息子ディヴィッドが八歳の時、親友の少女リサが雷に打たれて死んだ。なぜリサは死ななければならなかったのか？　ディヴィッドは、親友を殺すことで神さまが自分を罰しているのだと思いこみ、パターソンはそれを否定した。では、神さまは愛にあふれ限りない力をもっているはずなのに、なぜ世の中から多くの痛みと悪がなくならないのか？　この問いに答えようと、「答が出ないように思われる悲劇のうちに意味を見出そうとつとめて」、彼女はこの作品を書いたのだった。

もうひとつは、ずっとふたりだけの聖域にこだわってきたジェシーが、物語の最後に、妹をテラビシアへ招き入れることだ。聖域として閉ざしてきた自分たちだけの世界から抜け出て、タイトルどおり外の世界との「橋をかける」ことによって、ジェシーは初めて「かがやかしい世界——大きくておそろしくて美しくて、そしてあるときはもろい外の世界」に立ち向かい、新しい使命を帯びることになる。悲痛な彼の決意の中に、人間の尊厳と勇気を信じられる、希望ある結末である。

作家／キリスト者として

アメリカの作家キャサリン・パターソンは、一九三二年、宣教師の娘として中国に生まれた。リッチモンドで聖書学の修士号を取得後、一九五七年から四年間、日本に滞在。日本の歴史に材をとった小説もある。一九六二年、牧師と結婚。自らの息子のほか養女をもうけ、里親を引き受けた経験もある彼女には、『ガラスの家族』（一九七八）、『もうひとつの家族』（一九八八）、『星をまく人』（二〇〇二）、など家族の問題を鋭く描いた作品が多い。いっぽうで歴史小説『北極星をめざして』（一九九六）、絵本、昔話の再話などもある。『テラビシアにかける橋』と『海は知っていた——ルイーズの青春』（一九八〇）で二度ニューベリー賞を受賞。一九九八年には国際アンデルセン賞を受賞した。前述の神に関する彼女の考え方については、『私はだれ？——自分さがしのヒント』（一九九二）に詳しい。『テラビシアにかける橋』は、二〇〇七年に映画化された。

コラム①

「砂の小人」「床下の妖精たち」？

イギリス映画『フェアリーテイル』（一九九七）の fairy たちは、色白の顔に柔らかな巻き毛、バレリーナ風衣装に薄い羽で飛び回る、手のひらサイズの可憐な姿だった。日本ばかりかイギリスでも、今はそうしたティンカー・ベル的妖精像が一般的らしい。でも、これは、非常に偏った思いこみなのだ。伝承の民話や古謡《バラッド》を開けば、姿も大きさも人間との距離も多種多様な fairy があふれている。ファンタジーの時代二〇世紀のベストセラーの登場者たち——毛むくじゃらのサミアド、「ナルニア」のフォーンや木や水の精《ニンフ》、「中つ国」のエルフやホビットやゴブリンやドワーフ、「床下」で借り暮らしをする小人など——も、皆、fairy の末裔たちだ。fairy との密な関係は、イギリス文学の特徴のひとつとさえ言える。

そもそも、イギリスの fairy は、ケルト民族の迷信や宗教に起源を発する大変古い存在で、悪をなすものとして恐れられていた（そういう土着的なおどろおどろしさを、現在のような美しさと親しみやすさに変えて広めたのは、シェイクスピアだという）。fairy は、言わば人格化された超自然の精霊の総称で、同じものの呼び名が土地や時代によって異なるため、K・ブリッグズら専門家でも、厳密な定義はきわめて難しいらしい。その証拠に、最近邦訳されたフランクリンの『妖精百科事典』に登場する妖精は、三〇〇〇にものぼる。

これに対し、日本では、その中のごく限られたイメイジだけが、「妖精」という訳語とともに定着したようだ。さらに最近の「フェアリー」は、「フラワー・フェアリー」や「フェアリー・カード」に代表される、かわいさ、人間に優しい魔力、神秘性が「妖精」以上に強調された少女趣味的な言葉。つまり、fairy ≠「妖精」≠「フェアリー」なのである。

そもそも、「妖精」という語がfairyの訳語として使われるようになったのは、いつごろからなのだろう。『明治のことば辞典』（東京堂出版）では、「妖精」は「明治時代には、『妖怪・怪物』の意味で、fairy（仙女）の訳語として登録されていない」とある（そう言えば、子どものころ読んだ「眠れる森の美女」に出てきたのは、「妖精」ならぬ「仙女」だった）。こうした事実を反映して、たとえば、一般に『ピーター・パン』の邦題で知られる*Peter and Wendy*（1911）の初期の各訳書（一九二一―二七）では、fairyの訳語に、「妖女」「魔物《まもの》の少女《をとめ》」「魔精」などが当てられている。後に「仙女」「豆仙人」という訳例もある。「妖精」という訳語が登場するのは案外遅く、一九三〇年、昭和初期である（その六年前に、自費出版した詩集『春と修羅』で、宮沢賢治が「妖精」を用いているそうだ）。

考えてみれば、日本の民俗にも、ザシキワラシのような「妖精（?.）」がいる。天狗、河童、鬼、山姥、一つ目小僧などの「妖怪」は、かつては「妖精」とも言われていたわけだ。とすると、現在では違和感を覚えるものの、右の初期の訳語はむしろfairyの原義に近いと言える。では、なぜ、「妖精」がfairyの主要な訳語として定着していったのか。

そこには、日本土着のものとは一線を画し、洋風の印象を付け足したいという翻訳者や読者の意識の作用がほの見えはしまいか。おそらく、土臭さやおどろおどろしさ、陰湿さが最も少ない「妖精」という語が選択され、日本の「妖怪」と対照した使い分けがなされるようになったのではないか。その結果、「妖精」は、fairyの原義の中から、比較的新しいティンカー・ベル的イメイジだけが貼り付いた言葉に変わったのだろう。もしかしたら、サミアドは「砂の小人」、床下の〈借り暮らし〉の小人たちは「床下の妖精たち」でもよかったのだ。

それにしても、ホビットや借り暮らしたちなど、fairyの末裔たちは、人間に近づき過ぎた気がする。このまま進むと、偏ったイメイジどころか、存在そのものが、イギリスの創作文学から消えてしまいそうで心配だ。現代人を信用しすぎると危ない！

（田中美保子）

Ⅱ　腕白の季節

『砂の妖精』

E・ネズビット作／石井桃子訳

子どもたちの魔法の王国

成瀬俊一

福音館書店，2002年（原書，1902年）

毎日が夏休み

もし毎日、妖精の魔法でひとつだけ願いが叶えられるとしたら……？　この途方もない状況に立たされた主人公たちの言動を見ていると、子どもというのはいい意味で馬鹿なんだなあ、と思えてくる。その馬鹿らしさには、たいていの大人が忘れてしまった子ども特有のものの見方が現われていて、退屈な日常生活に埋もれていた魔法の王国を再発見させてくれる。

主人公は、ロンドンから田舎に引越してきたロバート、ジェイン、シリル、アンシア、そして赤ちゃんの「ぼうや」の五兄妹。近所の砂利採掘場で遊んでいるうちに、偶然、砂の妖精サミアドを掘りだす。いや、サミアドは、妖精というよりは妖怪だ。サルに似た毛むくじゃらの胴体、カタツムリのように伸縮自在の目。プライドが高く、頑固で、すぐにキレる。

サミアドは、砂の妖精の「つとめ」だという理由で、魔法でなんでも願いごとを叶えてやるという（あからさまに面倒くさそうに！）。ただし一日にひとつだけ、しかも魔力は日没までしかもたない。ロバートたちは大喜び。

両親は忙しくて留守がちだし、今は夏休みだから学校に行かなくてもいい——物語の中に季節が明記されているわけではないが、「日は、焼けるように照りつけていて、空には一片の雲もなく、真っ青」だし、学校への言及が一度もないので、きっと夏休みに違いない。楽園生活を楽しむお膳立ては万全だ。

愛すべき愚か者たち

ところがアンシアが先走って、兄妹みんなが美男美女に変身するように、と願ってしまう。たちまちそのとおりになるが、お互いの姿を見ているうちに、気持ちが悪くなってくる。

「まあ、あなたがシリルなら、あたしは、前のあなたのほうが好きだわ。」と、アンシアがはっきりといいました。「そんな金髪で、まるで絵にある教会の聖歌隊の子みたい。きっと、早死にするわ。そして、こっちはロバートなの？ まるでオルガンひきのイタリア人みたい。髪が真っ黒だもの。」

「そんなことといったら、きみたちふたりは、クリスマス・カードみたいだ。そうさ、あのクリスマス・カードにかいてある、ばかげたおしゃれな子みたいさ。それに、ジェインの頭ときたら、まったくにんじんだよ。」と、ロバートがおこったようにいいました。

自分たちの「美貌」を自身が気に入るかどうかはともかく、町に出かけて人びとにモテるのを楽しめばいいのに。せっかくの変身を利用しない手はないではないか！ しかし、とことん間の抜けたロバートたちは、そんな欲は出さない。素のままの兄妹を愛する気持ちの方が強いので、その変貌ぶりを見て悲しくなってしまうのだ。

やがて夕食の時間になり、子どもたちは空腹を抱えて家に戻る。ところが、お手伝いのマーサが頑として中に入れてくれない。変身のせいで、子どもたちがどこの誰なのか、わからないのだ。このままでは、陽が沈んで魔法の効力が失せるまで食事にありつけない。なんだ、ちょっとの間、我慢すればいいじゃないか、と日本の読者は思うかもしれない。だが、ここは緯度の高いイギリス、夏の日没は午後九時頃だ。さて、どうしよう……？

美男美女に変身するなら、冬至の頃がよい。万一の事態が生じても、午後四時前後には陽が沈むから。

子どもたちとサミアド

馬鹿になれば なんでもできる

『砂の妖精』は短編連作形式の物語だ。一章ごとに、ロバートたちは次から次へと新しい願いごとを考えだす。今日は背中に翼を生やして空を飛びまわろうか？ 自宅を城に改造して、鎧の騎士たちと戦おうか？ それとも、世話の焼ける赤ちゃんを、一瞬で大人に成長させてしまおうか？

これらの願いはことごとく叶えられて、束の間の喜びをもたらすが、やがて必ず滑稽な悪夢に転じてしまう。子どもたちの知恵がたりなくて、魔法が日常生活に及ぼす影響を計算し切れないからだ。

毎回毎回、ロバートたちは危機一髪のところで難を逃れて、胸をなで下ろす。そして翌日になると、また飽くことのない好奇心で、今度は何をサミアドにお願いしようか、と考えはじめる。「喉もと過ぎれば熱さ忘れる」とはまさにこのこと。だが同時に、ある賢者のこんな言葉もある――「幸福とは、健康な身体と貧弱な記憶力にほかならない。」

よみがえる魔法の王国

『砂の妖精』が書かれた二〇世紀初頭は、科学の進歩とともに人間のさまざまな夢が実現しはじめた時代だ。一〇〇年以上たった現代では、ロバートたちの願いのいくつかは、科学の力でまがりなりにも叶えられている。たとえば、鳥のように空を飛びまわりたければ超軽量飛行機《ウルトラライトプレーン》が、美しくなりたければさまざまな美容整形術が、騎士団の包囲攻撃を味わいたければ本物そっくりに作られたコンピュータ・ゲームの三次元世界がある。

私たち現代人には、サミアドの魔法がさほど奇抜には見えないかもしれない。むしろこの物語の中で目を引くのは、魔法というスパイスによって風味豊かに立ちあがる、子どもの世界のリアリティではないだろうか。平凡で無力な子どもたちが魔法の力が働く状況に置かれた時、どのように感じ、行動するのかを、作者のネズビットは確かな目で観察している。ない知恵を絞るロバートたちの滑稽な姿は、「もし～なら？」と毎日飽きずに問いかけることができた子ども時代を思い出させる。そこはすべてが可能な魔法の王国だった。いや、今なお時をこえて、「馬鹿」になることさえ恐れなければ、そうであるのかもしれない。

ネズビットのこと

「大人の服を着た子ども」と評されるネズビットは、一八五八年にロンドンに生まれた。苦しい家計を支えるために、子どもの本を書きはじめたのは、四〇歳近くになってから。最初のヒット作は『宝さがしの子どもたち』（一八九八）で、バスタブル家の六人姉弟が、破産した両親を支えるために、さまざまな宝探しの冒険をする。この作品ほどではないが、『砂の妖精』（一九〇二）にも、子どもたちが金儲けのアイデアを練るモチーフがときどき出てくる。しかし、おかしなドジばかりふんで、ちっとも儲からない。ネズビットの生活は経済的な浮き沈みが激しかったが、彼女が描く子どもたちに引けを取らないほどの奇抜な言動で、しばしば家族や友人たちを面白がらせていたという。

『ピーター・パン』

ジェイムズ・M・バリ作／厨川圭子訳

ピーターとウェンディ、ダーリング氏とフック船長の意外な真実

川端有子

岩波書店，2000年（原書，1911年）

知っているようで知らない話

永遠に大人にならない少年、ピーター・パン。ダーリング家の三人の子どもたちはネバーランドへいざなわれ、海賊、人魚、妖精、インディアンが住むその魔法の国ネバーランドで、迷子の少年たちとともに冒険を繰り広げる。あわや海賊の虜になりそうになった時、ピーターの大活躍で、海賊の長、キャプテン・フックとの戦いに見事勝利を収め、子どもたちはピーターに見送られ、再びダーリング家へと戻ってくる。こういうあらすじに確かに間違いはない。ところが、物語をきちんと読んだら、ずいぶん驚く人が多いのではないかと思われる。

だいたいがピーター・パンの服はディズニー映画が定着させたイメージとは違い、緑ではなく枯葉で作ったものであり、若さというよりは、死の国への近さを感じさせる。実際、ピーター・パンとは、死んでしまった子どもをあの世に送り届ける案内人なのだ。何といっても意外なのは、ピーターがダーリング家への危険な侵入者として描かれていることだろう。ピーターがやってくる前までは、「これほど素朴で、幸せな家族は他になかった。」それで

はまるでピーター・パンが家族の幸せを台無しにしたようではないか？　まさしくそのとおりなのだ。

ダーリング家の状況

まず、ダーリング家の子どもたちがピーターに連れられて、ネバーランドに飛び立つまでに、お話は延々と三章にわたってダーリング家の状況を物語る。じつはあまり経済的に余裕がないのに見栄をはる一家、という皮肉の効いた設定である。近所の人の目が気になるので、女中さんは一人しかいないのに、「うちの召使たち」と呼んでみたり、乳母を雇うお金がないので拾ってきた犬ですませたりする（もっともこの乳母犬ナナは人間の乳母より優秀だった、というのも皮肉）。お父さんのダーリング氏は、家父長の権威を保つのに必死だが、ネクタイが結べなくて大げさに騒いだり、子どもより薬を飲むのが苦手なのがばれたりと、あらゆるところでぼろを出す。あげくのはてには罪もない乳母犬ナナに八つ当たり。犬ごときに子ども部屋を任せられるか、と有能なナナを中庭に追い出してしまったのが運のつきだった。これがピーターの侵入を招くことになってしまったからだ。ピーターが子どもたちを「拉致」し去ったあと、残されたダーリング夫妻とナナの嘆きぶりを見てほしい。これは子どもたちが死んだ話だったのだろうかとすら思えてくる。

ごっこ遊びの世界
――ネバーランド

ネバーランドは、子どもたちの空想や愛読書から、その要素を切り貼りして作られたような心の中の国である。ここで子どもたちが夢中になるのは、冒険ごっこに、お母さんごっこ。ネバーランドはまさにごっこ遊びの世界なのだ。事実、ピーターにあっては、食事すらもときどきごっこ遊びと化する。だがむしろ、ピーターがすべての行動をごっこ遊びにとどめておきたいと考えていることこそ、注目すべきかもしれない。彼はこの「ごっこ」遊びが「ほんとう」になるのをひどく怖れているのだ。自分は「お父さん役」を演じているのであって、これがほんとうになってしまったら大変だ、と考える。だが、ウェンディは違った。彼女は「お母さん役」が現実化することに憧れを抱いているからだ。ピーターを「お父さん」、つまり自分の夫として。彼ネバーランドに到着したばかりのウェンディは、嫉妬に狂ったティンカー・ベルにだまされた迷子の男の子たち

飛び去った子どもたちを嘆くダーリング夫妻とナナ

に、もう少しで撃ち殺されるところだった。これ自体、かなりショッキングな出来事だが、そもそも嫉妬・恋・憎しみという大人の感情はウェンディによって、ネバーランドに持ち込まれたのである。ティンカー・ベルとインディアンの王女タイガー・リリーとウェンディは、ピーター・パンの恋人の座をめぐってすさまじい嫉妬の念を抱いている。ごっこ遊びには含まれ得ない、この感情をピーター・パンは理解できない。「僕の何かになりたいんだって、でもお母さんじゃないんだってさ」と不思議そうな顔で彼は言う。こうしてしのぎを削る三人の女性の思いは、ネバーランドでは不協和音にすぎず、名前も与えられずにピーターの頭上に消えていくしかない。大人にならない少年ピーターが、ダーリング家の子どもたちをさらうことで、家族に不幸をもたらしたとするならば、大人になりたいウェンディは、大人の感情を持ち込むことでネバーランドに不協和音をもたらした。ネバーランドが子どものごっこ遊びの世界であり続ける以上、彼女はここにはいられない。

だが結局、ウェンディが家に帰ると言い張ったことが、ピーターと海賊たちの戦いを呼ぶことになってしまう。

フック船長＝ダーリング氏

『ピーター・パン』の舞台版では、フック船長はふつうダーリング氏と同じ俳優が二役をやることになっている。P・J・ホーガン監督の映画版（二〇〇三）もそうだった。これはふたりが同時に登場しないから可能なのだが、ある意味でこのふたりの大人がコインの裏表であることをも示唆している。ふたりに共通するのは、空威張りするだけの情けない男であるという点だ。彼もまたダーリング氏と同じく、教養をひけらかしラテン語の知識を見せびらかす。名門校の出身であり、礼儀正しさが誇りなのである。ところが、それとはうらはらにその体面がうわべだけのものであるとばれるのが心配でしかたない。その自信のなさは、さらに捕虜にした子どもたちが自分にはちっともなつかず、水夫長のスミーばかりが慕われるというひがみにつながる。ダーリング氏がピーターを無視しようとし、フック船長がピーターを恐れるのは、同じ理由による。彼らはすっかり社会の規範、慣習、体面に束縛されて生きていて、それがアイデンティティの拠り所になっているのである。そんな大人の生き方を軽くあざ笑い、捕まえようとする手をすり抜けていく「陽気で無邪気で心のない」永遠の子どもピーター。憎くないはずがない。また逆にピーターからいえば、こんな大人に誰がなりたいと思うものか。ウェンディのごっこ遊びが、彼を大人になるという目的に動かしていくものならば、お別れをいうしかないのである。

だが最後に、フック船長の最期を、もう一度見直してみよう。フックは剣の一騎打ちで死ぬのではない。ピーターに蹴られて船から落ちるのだ。「行儀が悪いぞ！」という勝ち誇った一声を残し死んでいくフック。足を使うという行儀の悪い行為を取るよう、ピーターをけしかけたのが、フックのほうだったことを考えてみれば、これはひょっとすると「行儀」に殉死する大人の最後の叫びだったのかもしれない。

ジェイムズ・バリ
——永遠の子ども

スコットランド生まれの劇作家バリは、子どものころから「死んだ子ども」「年をとらない子ども」のイメージに取りつかれていたという。死んだ兄の替わりにはなれないと悟った時から、結婚に破れたのち、かわいがっていた友人夫妻の息子たちの死を経験するにいたるまで。バリの特異な人生を、『ピーター・パン』に重ねて読むのはたやすいことだ。だが、この物語に書き込まれた、大人になることと子ども性との葛藤は、バリの経験のみに還元できる個人的なものではないはずだ。

『くまのパディントン』

マイケル・ボンド作／松岡享子訳

安藤　聡

子グマの姿を借りた英国紳士の肖像

福音館書店，2006年（原書，1958年）

密航者の子グマ

ロンドンのパディントン駅に娘ジュディを迎えに来ていたブラウン夫妻は、「暗黒の地ペルー」から密航してきたという子グマと出逢う。首には「どうぞこのくまのめんどうをみてやってください。おたのみします」と書かれた札が下がっていた。ブラウン夫妻はこの子グマをパディントンと名付け、新しい家族として迎えることにする。ジュディも兄ジョナサンも、また家政婦バード夫人や近所の骨董店の店主グルーバー氏も、すぐにパディントンを好きになり、彼と一緒のにぎやかな毎日がはじまる。

この作品は一章完結型の物語集で、各章でパディントンがさまざまな騒動を引き起こし、それでも毎回最後には彼の愛すべき性格が幸いしてすべて円満に解決する。『くまのパディントン』にはこのような物語が八編収められている。多数の続編と、より幼い読者向けに再話された絵本もある。これまで多くの挿絵画家がパディントンを描いているが、代表的な画家はペギー・フォートナム、フレッド・バンベリー、デイヴィッド・マッキー、ジョン・ロバンの四人である。日本ではパディントンといえば、原作の物語よりも縫いぐるみやキャラクター・グッズでよく知られている。だがパディントンを知っていながらこれらの物語を知らないというのはあまりにも勿体ない。

イングランド的なるもの

ブラウン家は典型的なロンドンの中産階級家庭であり、パディントンもまた密航してきたばかりとは思えないほどに流暢な標準英語を話し、紳士としての礼儀作法もそれなりに身につけている。この作品は表向きには良質なスラップ・スティックであるが、同時にパディントンという「移民」の目を通して見たイングランド文化入門書でもある。

ブラウン家に到着したパディントンは初めて入る英国式のバスタブで溺れかけ、翌朝にはベッドの中で英国式朝食（グレープフルーツ、ベーコンエッグ、トーストにママレード、紅茶）を初めて体験する。そして初めての地下鉄に乗って改札口や長いエスカレイターで騒動を起こし、百貨店バークリッジ（セルフリッジがモデルか?）で帽子と上着と靴を買ってもらうが、ブラウン夫人らが目を離した隙にショウウィンドウの中に迷い込む。

パディントンは近所のポートベロ通りにある骨董屋の主人グルーバー氏と仲良くなり、毎日午前中にはこの店で彼とイレヴンズィズ（一一時の茶菓。彼らは紅茶ではなくココア）をともに楽しむ。この店である日、古い絵の上に絵の具を重ねて別な絵を描いたキャンバスを見たパディントンは、ブラウン氏が工芸展に出品するつもりで描いた絵の上に「前衛的な」絵を描いてしまい、図らずも最優秀賞を受賞してしまう。ブラウン家の人びととともに劇場に行った際にも、舞台上の出来事を本気にしたパディントンは主演俳優を「娘を売り物にした悪人」と思いこみ、小休止の間に楽屋に押し掛けて俳優に苦言を呈する。だが結果的にこのことがこの俳優をスランプから救出し、舞台を成功に導く。晴れた休日に家族でブライトシー（ブライトンがモデルか?）に行った時には、バケツに座って漂っているうちに大西洋を横断してきた漂流者と間違われ、人びとの注目を集める。パディントンがブラウン家に来て二カ月が過ぎたある日をパディントンの「誕生日」に決めて、家でパーティを行なう。パディントンは贈られた手品セットを使って奇術を披露する。

パディントン駅：パディントン・グッズの売店

このように、地下鉄やデパート、骨董店や工芸展、演劇鑑賞や海辺でのホリデイ、あるいはホームパーティといった、ロンドンの中産階級家庭の典型的な生活がここには描かれている。続編でも彼は日曜大工に挑戦したり川で釣りやピクニックをしたり、あるいはカントリー・ハウスを見学したりなど、イングランド的生活を満喫している。二〇世紀初頭にケネス・グレーアムが『たのしい川べ』でそうしたように、この作品でボンドは結果的に、イングランド中産階級の伝統的生活様式を書き留めた。ママレードが大好物のパディントンにとってはペルーよりもイングランドこそが似つかわしい国であり、彼の几帳面な収集癖もすぐれてイングランド中産階級的である。

パディントンの善意とファンタジーへの扉

パディントンは正義感が強くひたむきな性格で、時として傍迷惑なまでに凝り性である。彼の行動はすべて、純粋な善意に基づいている。たとえばバースデイパーティのくだりで彼は吝嗇家《りんしょくか》で嫌われ者の隣人カリー氏を酷い目に遭わせるが、これは彼が意図したことではなく、彼は純粋に奇術で皆を楽しませようとしていたにすぎない。第一章におけるパディントン駅の軽食堂での騒動や第二章でのバスタブをめぐる騒動、あるいは地下鉄の駅での騒動は確かに、ロンドンでの生活に慣れないパディントンの無知が引き起こしたものだった。しかしながらここでの生活に慣れるに従って、彼は騒動を起こさなくなるどころかむしろ、その善意ゆえにより複雑な騒動を図らずも引き起こすことになる。パディントンが引き起こす騒動のもうひとつの特徴は、それが必ず周囲の者たちにとって（カリー氏のような例外を除いて）最終的には好ましい結果に終わっているということである。

この作品の不思議な点は、パディントンが言葉を話し、人間のようにふるまっていることに周囲の人間たちが驚いていないということである。ブラウン夫妻は初対面の彼が突然流暢な英語を話したことに驚いているが、これ以降彼が引き起こす騒動に巻き込まれる者たちは、彼の唐突な行動に驚くことはあっても彼が言葉を話すという事実については当たり前のように容認している。これはもちろん、初登場の人物が毎回彼の発話に驚く描写を繰り返していては読者が飽きてしまうという事情もあるのだろうが、彼がブラウン夫妻と出逢った最初の瞬間に、言葉を話す子グマがいるというファンタジーの世界への扉が一度だけ開かれた、と考えると面白い。これ以降のエピソードはすべて、この扉の中の世界の出来事なのである。

作者について

ボンドは一九二六年にバークシャー州のニューベリーで生まれた。読書家の両親の影響で幼いころから本に親しむが、学校には馴染むことができなかった。義務教育を終えて一四歳から法律事務所で働きはじめたが、のちにＢＢＣラジオに転職。第二次世界大戦参戦ののちＢＢＣに復職し、テレビの撮影技師となる。一九五七年のクリスマスに近いころ、店のウィンドウに一体だけ売れ残ったクマの縫いぐるみを見かけ、情が移ってしまい即座に購入して（当時の）夫人への贈り物とした。ボンド夫妻はパディントン駅近くに住んでいたため、このクマをパディントンと名付けた。数日後、パディントンを主人公にした物語を思いつき、八日間で全八章を書きあげる。代表作として〈パディントン〉シリーズの他にネズミの〈サーズデイ〉シリーズと、大人向け探偵小説〈パンプルムース氏〉シリーズがある。

『マチルダは小さな大天才』

ロアルド・ダール作／宮下嶺夫訳

甲斐淳子

子どもの無限の可能性

評論社，2005年（原書，1988年）

小さなマチルダは天才少女。三歳になる前に字が読めるようになり、四歳でディケンズやキップリングを初め英米文学の巨匠の作品を読みこなす。さぞや教育熱心な親なのだろうと思ったら、大間違い。両親は、インチキな自動車売買で金を稼ぎ、教育はおろか子どもの存在にさえ無関心で、マチルダのことを、時期がくればぷっと吹き飛ばせる「かさぶた」くらいにしか考えていないのだ（原書を見ると、ラストネームはWormwood「苦悩の種」。物語のいたるところに、思わずニヤリとさせられる言葉遊びが隠されている）。

ユーモラスな報復

この物語を最高に盛りあげるのは、マチルダの奇抜でユーモラスな報復の数々だ。「チビのおしゃべり」、「物知らず」と言いたい放題の大人には、たとえ親であっても黙って従ったりしない。お小遣いと引き換えに、友達から一晩だけ借りたオウムの鳥かごを、暖炉の煙突に隠し、幽霊騒動を巻き起こしたり、父親のヘア・トニックに母親の強力な「プラチナ・ブロンド染毛剤」をこっそり注ぎ込んで慌てさせてみたりと絶妙のタイミングと方法で仕掛けられる報復の瞬間を、読者は今か今かと固唾をのんで待ち受ける。

まさにロアルド・ダールの真骨頂といえる奇想天外なプロットにスピーディな展開。『あなたに似た人』や『キス・キス』など大人向けの短編小説の名手である彼は、児童文学においても手腕をいかんなく発揮し、だらだらした話にはそっぽを向いてしまう子どもたちをも夢中にさせた。また彼の作品は映画化されることも多く、この物語も一九九〇年に『マチルダ』として劇場公開されている。他にも、アメリカの人気監督ティム・バートンが手がけて話題を呼んだ『おばけ桃が行く』（映画『ジャイアント・ピーチ』）や『チョコレート工場の秘密』（映画『チャーリーとチョコレート工場』）など、出版から四〇年以上たった今も、その斬新な発想は微塵の古臭さも感じさせない。

永遠の少年

ダールは一九一六年、イギリス南ウェールズ地方のランダフ生まれ。六七歳の時に発表した『少年』という自伝的物語の中で語られる少年時代は、実話とは思えないほど数奇なエピソードに満ちている。数々の家族写真や実際の手紙で綴られる思い出から浮かびあがってくるふたつのキーワード。それは母への深い愛情と抑圧的な学校体制への強い反発だ。

両親はノルウェー人で、暮らしぶりは裕福だったが、三歳の時に父が亡くなると、前妻のふたりの子どもを含め六人を母親が一人で育てることになる。常に「子どもたちにはイギリスで教育を受けさせたい」と言っていた夫の遺志を引き継ぎ、母は九歳のダールをセント・ピーターズ校に入学させた。大家族から一転、寄宿生活を送る中で、少年は側にいない母への思慕の情を深めていく。“Love from Boy”（息子より）と署名された母に宛てた手紙は、学校を離れ、就職してからも変わることなく送り続けられ六〇〇通以上にも上ったという。孤独の中で自分への理解と愛情を求める必死の思いが、彼の創作の原動力となっていったのだろう。また、その後進学したレプトン校も含め、学校では苦々しい思い出がつきまとう。まさに、マチルダが通う小学校校長さながらの、むちを手に子どもたちの話に一切耳を傾けない教師や、上級生からのいじめの体験といったように、学校や権威に対する嫌悪感は募

気に入らない子どもは投げ飛ばす威圧的な校長
ミス・トランチブル

る一方だった。『少年』（*Boy*）という題名には、息子として母の愛情を求める姿と、大人社会にアンチテーゼを突きつける永遠の少年の姿が重ねられているようだ。

理想的なコンビの誕生

永遠の少年ダールの描く物語は、時に大人たちからの手厳しい批判を浴びた。本来、敬われるべき教師や親が、徹底的に悪漢として描かれるばかりか、子どもたちが繰り出す仕返しの数々にやり込められ、物笑いにされる結末。常に子どもの視点に立った彼の作品を子どもたちが熱烈に歓迎したのは当然だろう。

また、児童文学は「面白くなければならない」というダールが求めた真のユーモアを、さらに引き立ててくれたのが、挿絵を担当したクエンティン・ブレイクだった。一九三二年にイギリスに生まれたブレイクとは、七八年出版の『どでかいワニの話』で手を組んで以来、『オ・ヤサシ　巨人ＢＦＧ』など数多くの人気作品を共同制作していく。悪口雑言を投げかける悪玉や、既存の価値に向けられた辛辣な皮肉さえも、ブレイクの筆の魔力にかかると、どことなく憎めないコミカルなものへと変化していくようだ。私自身、初めてダールの作品を手に取ったのは、その挿絵に惹かれたからだった。どことなく力のぬけた線で描かれる世界は、子ども心をくすぐる。描き込みすぎず、どうぞお好きなように自分の想像力でキャラクターを動かしていいよと、見るものに委ねるブレイクのつつましさが人気の秘密かもしれない。

子どもたちへのエール

巨大な図体で威圧的にのし歩き、気に触るとハンマー投げの要領で、子どもを投げ飛ばす暴君的校長ミス・トランチブルに、十字軍のごとく反旗を翻して勝利するのは、なにもマチルダだけではない。巨大なチョコレートケーキを一人で丸ごと平らげて、校長の鼻をあかすボッグトロッターや、水差しにこっそりイモリを仕込んで驚かせるラベンダーといい、脇役陣の子どもたちも威勢がいい。中でも圧巻は、唯一の理解者でクラス担任のミス・ハニーを救うべく、マチルダが眼力という超能力を発揮するくだりだろう。眼球が熱を帯び、何百万もの小さな見えない手が火花のように飛び出していくシーンでは、その筆致の迫力に思わず息をのむ。

子どもたちのもつ計り知れないエネルギーを、ダールは超能力というエッセンスを加えることで、より生き生きと描き出した。たとえ身体は小さくても、子どもは必ずしも守られるだけの存在ではない。当初、教師として天才的な少女の才能を守ろうと使命感に燃えていたミス・ハニーが、物語が進むにつれて立場が逆転し、いつしかマチルダに守られ、呪縛から抜け出る勇気をもらうあたり、子どもの限りない可能性が大人をも圧倒する力をもっていることを証明している。理不尽な抑圧、不当な扱いに対する怒りから生まれた少女の不思議な力は、最上級のクラスで自分の倍以上の年齢の生徒たちと授業を受け、思う存分に能力を発揮できるようになると、自然と失われていった。力で抑え込むことが、教育じゃない。行き場もなく閉じ込められた子どもたちのエネルギーの発散場所を、周囲の大人たちが見つけてあげることの大切さが伝わってくる。

今なお、最も愛すべき児童文学作家として名前のあがるダールだが、それは、永遠の少年である彼自身が、子どもの無限の可能性を心から信じ、マチルダのように生命力にあふれる子どもたちにエールを送り続けているからにほかならない。

#『トム・ソーヤーの冒険』

マーク・トウェイン作／石井桃子訳

少年は何でできている？

成瀬俊一

岩波書店，2001年（原書，1876年）

ガラクタが宝物

マザーグースの中のある詩によると、少年は「カエルとカタツムリ、それから子イヌのしっぽ」でできているという。『トム・ソーヤーの冒険』は、このマザーグースの詩を散文で書いたような本だ。時は一八四〇年代、舞台はミシシッピ河岸の田舎町セント・ピーターズバーグ。この町と周辺の野で、悪童トムと仲間たちがさまざまないたずらや冒険に興じる。

作者のトウェイン（一八三五―一九一〇）は、ミシシッピ河岸のハンニバルという田舎町で過ごした少年時代を思い出しながら、この作品を書きあげたという。はたして少年は何でできているのか？　まず少年たちが大切にしている「宝物」に注目したい。ある日、トムは学校をさぼって川で泳いでいたことが伯母さんにバレてしまい、罰として塀のペンキ塗りを命じられる。嫌々ながら仕事をはじめたトムに、突然、楽をした上に得をするという妙案がひらめく。まず、ペンキ塗りがいかにも楽しい遊びであるかのように見せかけて、通りかかった少年たちの興味を引く。そして塀を「塗らせてやる」のと引き換えに、少年たちの「宝物」を巻きあげる――まだ新しいタコ、ふり回すひものついた死んだネズミ、ビー玉を一二、口琴の部分品、色眼鏡のかわりに使う青いビンのかけら、糸まきで作ったおもちゃの大砲、何もあけられない鍵、その他いろいろ……。

大人にとってはつまらないガラクタにすぎないが、少年にとっては宝物だ。トムたちはお金に替えられないこれらの品物に喜びを見出しているのだ。

キタナイは楽しい

少年の価値観は、時に少女の価値観ともひどく異なる。それを強く印象づけるのは、トムが意中の少女ベッキーに、学校の昼休みに話しかける場面だ。

「きみ、ネズミすき？」

「いいえ！　だいきらい！」

「うん、ぼくもきらいだ、――生きてるのは。だけど、ぼく、死んでるののこと言ったんだよ。ひもつけて、頭の上でまわすのさ。」

「それもきらい。とにかく、あたし、ネズミはあんまりすきじゃないわ。あたしがすきなのはね、チューインガム。」

トムは不衛生なことが大好きだ。顔を洗うのも、髪を櫛でとかすのも、きちんとした服を着るのも我慢できない。身なりのよい少年を見つけると無性に腹が立ち、「ネコのようにとっくみあって、どろのなかにころがって」けんかをする。またある時は親友のハックとジョー・ハーパーと一緒に家出をして、無人のジャクソン島でロビンソン・クルーソーばりの原始的な生活を楽しむ。このような自然志向はどこか動物じみている。飼いならされるのが嫌いなのだ。

ジャクソン島のトム・ソーヤー

とはいえ、トムは人間としての善悪の判断を放棄しているわけではない。さもなくば、家出をする際に、貴重なハムを伯母さんから盗んだことに良心の呵責を感じたりはしないだろう。もとより大人と少年の善悪の基準に違いがあるわけではない。ただトムの場合、大人が言葉を通して与える教訓よりも、泥や擦り傷にまみれた自分自身の経験から善悪の感覚をつかみ取るのだ。悪童トムの生き方に示されているのは、エデンの園で禁を破って善悪を見分ける知識の実に手を出したアダム以来の、愚かで普遍的な人間性ではないだろうか。

ヒーロー願望

同様に、良いか悪いかは別として、他者に注目され、認められたいという欲求も、少年の（そして人間一般の）本性の一部ではないだろうか。それを誇張して滑稽に描いたのが、トムのヒーロー願望だろう。トムはインチキをしてでも日曜学校で懸賞の聖書を手に入れようとするし、学校のクラスメートの前で煙草をふかして称賛を浴びようとする。トムの将来の夢はサーカスの道化師になること、偉い軍人になること、インディアン（アメリカ先住民）の仲間にはいって西部を冒険すること、海賊になって世界を荒らし回ることなどだ。その目的は、いずれも「みんなをうらやましがらせるため」だという。

トムたちがジャクソン島へ家出するエピソードの顚末では、実際、ちょっとしたヒーローとして人びとの喝采を浴びる。島で暮らしはじめてから数日後、トムは家族の様子をうかがうために、一人でこっそり町に戻る。トムたちが死んだと思ってみんなが悲しんでいることがわかると、すっかり嬉しくなって、無人島での生活を延長する。やがて町で少年たちの葬式がはじまると、これ見よがしに教会に姿を現わして、人びとを驚かせるのだ。

トムのヒーロー願望の根底には、子どもらしい自己中心性がある。それは彼の迷信深さや、空想と現実を混同する傾向にも通じているように見える。世界が自分の想像する通りに動いている（もしくは動くべきだ）という幻想をもっているのだ。たとえば、ある日、トムは地面に埋めたビー玉の数をふやすまじないをして失敗する。ところがトムの考えでは、まじないが失敗した理由は、それが単なる迷信で効き目がないからではなく、どこかの魔法使いが邪魔をしたからなのだ。

破壊と創造の力

このような自己中心的な幻想は、最悪の場合には人格を破壊し、インジャン・ジョーのような無法者を生みだすかもしれない。だが幸いにも、トムの幻想はときに理想主義と結びついて倫理的な生き方を促す。ある時、トムはハックに一緒に山賊になるよう提案しながら、山賊は女性に礼儀正しく、優しいのだと説明する。「どの本を読んだってそうなんだぜ」とトムは言う。常識からすると山賊が倫理的であるはずがなく、むしろインジャン・ジョーのように利己的で残忍であるはずなのだが、どういうわけかトムが読む本の中では、いつも理想化されて描かれているようである。

少年の理想主義は、最良の場合には自己愛を隣人愛に昇華させる。こうしてトムは、ある時は校長の本をうっかり破いてしまったベッキーの身代わりとして進んで罰を受け、またある時はインジャン・ジョーに復讐されるかもしれないのに、法廷でマフ・ポッターの無実を証言する。このような隣人愛が、トムを憎むべき無法者ではなく、人々に愛される悪童にしているのだろう。

少年の中には、破壊性と創造性、自己中心性と社会性が未分化のまま共存している。この内なる渾沌を整理しはじめる時、少年は少年であることをやめ、良くも悪くも型にはまった大人になっていくのだろう。

『クローディアの秘密』

E・L・カニグズバーグ作／松永ふみ子訳

百々佑利子

カニグズバーグのすばらしい女性たち

岩波書店，2000年（原書，1967年）

カニグズバーグは、知的で強くてはつらつとした少女像をつぎつぎと世に送り出してきた。家庭に不満をもって家出する少女でさえ、チャーミングに描く。少女だけではない。カニグズバーグの手になると、老女も凛としたうつくしさを発散する。女性としてのセルフ・イメージがずばぬけて良い作家なのではないかと思う。それは『クローディアの秘密』からもうかがえる。

一二歳、シティーガール的選択

物語の出だしはこうである。ニューヨーク郊外の住宅地に住む一二歳の少女クローディアは、「不公平がもとで」父母への怒りを募らせ、それから物語の語り手が推測するように、おそらく「毎週毎週が同じ」で「ただオール5のクローディア・キンケイドでいることがいや」になって、家出を決意する。パートナーに弟ジェイミーを誘い、メトロポリタン美術館を家出先に選ぶ。この選択はクローディアがシティ・ガールであることを端的に示している。美術館の広大さと雑踏はかくれるのにもってこいというわけでもあった。折りしも美術館が購入した天使の像がミケランジェロの作品かどうかの議論がふっとうしていた。クローディアの知的好奇心がかきたてられる。真相を知り秘密を獲得するクローディアの家出の詳細は、ユーモアを愛し、秘密を引き出すのにたけている、したたかな老夫人ミセス・フランクワイラーによって書きとどめられた。

家出にいくという感覚

子どものときに家出願望をもったことのある女性は、私をふくめて少なくないだろう。たいていのそれは願望に終わる。しかし子ども時代に家出を考えたことがある親は、わが子が家出願望をもったときはぴんとくるものである。作者もそういう少女だったのかもしれない。年齢差はあるものの、人間は自己本位な子ども時代の総しあげとして個を主張しつっぱる「時」を迎える。そのとき親に本意をさってもらえない子は、具体的な行動によって示さなければならない。家出は行動のひとつだが、誰にでもできるわけではない。せいぜい「放っておいて」ということばと反抗的な態度で親の干渉を拒むぐらいだろう。まだ九歳のジェイミーは、その「時」を迎えていないから、まちがって「家出にいく」と直感的に表現した。「出る」よりも「行く」ほうが帰ってくる余地がのこる。だが、どこに行けばよいのだろう。

不思議の国の美術館

メトロポリタン美術館は、交通事故や暴力沙汰などニューヨークの危険から自由であるばかりでなく、アリスの地下の国におとらず不思議に満ちあふれている。見る目さえあれば多くを見ることができる。若い知性がもとめる冒険のための材料はそろっている。しかもクローディアの目の前に現われたのは、ミケランジェロの彫像という上等ななぞだった。このたぐいまれな家出物語の設定は、知力と行動力をもつ主人公をえて成功した。天使の像がなぞ解きの対象となり、さいごにクローディアの貴重な秘密になりえたのも、主人公の資質ゆえである。本人がお荷物のように感じていた「良い子のお姉さん」として育った一二年は、ちゃんと活かされたのである。子どもの成長に世界最高の芸術品をかかわらせたところに、作者の子どもへの敬意と愛情を感じる。

クローディアとジェイミー

秘密の所有

アメリカ社会の価値観には、『若草物語』にみられるように、家族の絆と信仰という二本の柱がある。『クローディアの秘密』はアメリカ児童文学の歴史におけるそれらからの解放というべきだろうか。おなじように知的で独立心旺盛なアメリカ女性ながら、常に家族を思い優先させるジョーとちがい、クローディアは、家は家、自分は自分とわけて認識したい少女だった。秘密の所有は、その認識を強固にする。一二歳は、そういう思いをもつ最初の段階かもしれない。自身の英知と勇気で獲得した、自分だけの宝ものつまり秘密は、クローディアの個人性の象徴となる。これでクローディアは一国一城のあるじになった。くもりのないセルフ・イメージを確立し、家へも学校へももどることができる。

ちなみにプライマリー・イヤー・プログラムという国際的な小学校教育のカリキュラムでは、四年次で『シャーロットのおくりもの』を、五年次で『クローディアの秘密』を読みあっている。この年齢の子どもの心理にそった読書プログラムである。ただ男子生徒は、読みあいのときにふくれっ面をするという。ジェイミーやサクソンバーグ弁護士をからかうような姿勢が、男の子たちには気に入らないとみえる。やはりこれは少女たちを元気にする物語なのだ。

笑う作家

カニグズバーグはユーモアの価値を知っている。どの物語にも、快い笑いがあふれている。本書において「小学生が家出の決意」をする出だしは読者の緊張をさそう。並々ならぬどたばた劇を想像しかける。ところが家出の原因は、暴力沙汰とも、教室での友人関係ともかかわりがない。けれどもテストについてクローディアはこんな体験をする。「テストには、クローディアがこたえられない問題がありました。……こたえがどこにあるのかまで知っていました。――一五七ページの右側の欄です。こたえが出ているその場所まで目に見えてくるのに、こたえが何だったかが、思いつかないのでした。」読者の既視感と笑いをさそいだす述懐である。哲学者ならばいうように、クローディアは「不幸で、憂鬱な」子どもであったのである。何とかしなければ先へ進めないという動機から、クローディアは、家出という手段を選んだ。これは今の自分を笑いとばす手段ともいえる。見事な質的変換である。

しかもその行き先は「メトロポリタン美術館」である。そこに読者は、優雅で知的な、安定感さえ感じ取ることができるのである。しかも「秘密」自体の性格がまた知性を総動員する活躍へといざなう。ほかにも家出という社会問題を祖父が見守る展開もある。ここには伝承文学が好む種あかし的な作為があるが、カニグズバーグの笑いの源は、この質的変換の連続にあると考えればぴたりとはまる要素といえよう。

化学者

E・L・カニグズバーグ（一九三〇―）はニューヨークに生まれ、カーネギー・メロン大学で化学を、ピッツバーグ大学院で生物学を学び、理科の教師を経て作家になった。デビュー作『魔女ジェニファとわたし』と次作の『クローディアの秘密』がニューベリー賞を争ったことは伝説のように語られている。「ケミストリー（化学）」ということばを英語圏では日常語としてつかう。心身のバランスの状況や変化に言及するときに用いられる。何かを加えたりかきまぜたりして劇的な変化を生むことにかけて天賦の才を発揮するカニグズバーグは、多くの魅力的な女性像を生みだした。そして老練な化学者なみの手腕で子どもたちの個性を明らかにしてみせるフランクワイラー夫人にも、そういう作者自身が投影されている。

『スタンド・バイ・ミー』

スティーヴン・キング作／山田順子訳

横川寿美子

死体にならないために

『スタンド・バイ・ミー』といえば、今は亡きリヴァー・フェニックスが名演技を見せた映画が有名だが、原作の小説は、英語版では作者の中編作品集『恐怖の四季』に収められている。「四季」という言葉が示すとおり、収録された作品は四編。その中で、この作品が描く季節は「秋」だ。

死体を見に行く旅

物語の発端は、長い夏休みももうすぐ終わりという初秋のある日、主人公のゴーディことゴードン・ラチャンスがいつものたまり場で、いつものように仲間とだらだら過ごしていた時のこと。いきなり仲間の一人バーンが「死体を見に行こう」と言い出す。その死体とは、数日前から行方不明になっている少年のもので、バーンの兄たち不良グループが偶然発見したが、彼らはそのとき盗んだ車に乗っていたので、警察に通報できないでいる。それなら俺たちが発見者になって、警察に言おう、新聞にのるぜ！　というわけで、ゴーディ、バーン、クリス、テディの四人は親たちを適当にごまかし、二、三日の予定で死体発見の徒歩旅行に出かけるのだ。もちろん、バーンの兄たちにはないしょである。

新潮社，2005年（原書，1982年）

そして、彼らは予定どおりに死体を見つけて帰ってくるのだが、不良グループに妨害され、手柄をたてて注目されるという目的は果たせずに終わる。けれども、物語全体を見わたせば、彼らの本当の目的は手柄をたてることではなく、死体を見ることそれ自体にあったと誰もがわかるはずだ。ちなみに、この作品の原題は「死体」である。

一二歳——子ども時代最後の夏

ゴーディと仲間たちは全員が一二歳。新学期がきて中学校に通いはじめると、間もなく一三歳になって一〇代（ティーンズ）の仲間入りをする少年たちだ。そう聞けば、彼らだけのこの小旅行が、彼らにとってどういう意味をもとうとしているのか、ある程度予測がつくだろう。そう、子ども時代に別れを告げて大人への階段を一歩登るための冒険旅行だ。

まったくの思いつきではじめたこの徒歩旅行の道中で、彼らは不法侵入をして犬をけしかけられたり、食料品店で買い物をしようとしてふっかけられたり、悪ふざけをするうちに互いに気まずくなってはまた仲直りしたり、水たまりに飛び込んでヒルに嚙まれたり、家からくすねてきた煙草で食後の一服を気取ったり……と、いかにもその年代の男の子らしい武勇伝の数々を披露してくれるが、じつは四人それぞれに深刻な家族の問題を抱えている。たとえば、前述したように、バーンには頭の鈍いチンピラの兄がいる。クリスにもろくでなしの兄たちがいて、周囲は彼もまたそうなるものと思っている。加えて、彼はたびたび父親から殴られていて、無気力な酒浸りのその父親を心底嫌っている。一方、同じように実の父親に虐待され、耳が不自由になってしまったテディは、それでも昔は勇敢な軍人だったという父親を自慢していて、父親の悪口を言われるとすぐにキレる。

そして主人公のゴーディは、数カ月前に事故死した兄の亡霊に悩まされている。上の息子の死から立ち直れない両親が、下の息子である彼にまったく興味を示さないからだ。スポーツ万能で誰からも好かれた兄と、作家志望のひ弱な自分を密かに比較して、ゴーディはこの先どうして生きていくべきかわからなくなっているのだ。

生きるか、死ぬか

以上のようなことは、ある意味で子どもだけが抱えこむ問題であって、大人になれば、たいていの人は親きょうだいがどんなだろうと関係なく、自分の生活を築いていける。逆にいえば、親きょうだいとの関係性だけに縛られない〈自分〉をもつことは、人が大人になるための条件のひとつなのだ。そして、多くの子どもが友達とのつながりを通して、親きょうだいとの関係性を見直し、整理する最初の機会をもつことになる。この作品で、ゴーディにその機会を与えるのがクリスだ。

映画『スタンド・バイ・ミー』のポスター

「ほんと、おれがおまえのおやじならよかったのにな！」クリスは腹だたしげに言った。（中略）あんな作品をいっぱい作れるなにかを与えてくれた神さまみたいに、こう言ってやれるんだ。〝これこそ、わたしたちがおまえに望むことだよ、息子や。その才能を失わないようにしなさい〟ってね。だけど、子どもってのは、誰かが見守っててやらないと、なんでも失ってしまうもんだし、おまえんちの両親が無関心すぎて見守っててやれないってのなら、たぶん、おれがそうすべきなんだろな」

四人の仲間たちの中でもゴーディとクリスの友情はとくにあつく、クリスのこの言葉によってゴーディの何かがふっきれ、この小旅行が終わるまでに彼は大きく変わる。だが、そのような転機がついに一度も訪れなければ、子どもは大人になる道を閉ざされて、死ぬしかないのではないか。「死ぬ」といっても、精神的な意味でだが……。

というのも、死体の少年もまたゴーディたちと同じ一二歳だからだ。彼は線路を歩いていて列車にはねられ、命を落とした。それを知っているのに、ゴーディたちもまた不良グループが彼の死体を見たというその場所に、線路を歩いて、向かおうとする。それが一番の近道だからだが、危険なことは言うまでもない。一度などは鉄橋を渡っている最中に汽車が後ろから迫ってきて、もう少しでひかれかける。つまり、死体の少年は、彼らのうちの誰であってもおかしくなかったのだ。

死体を発見して町に戻り、学校がはじまると、ゴーディとクリスのコンビとテディとバーンのふたりは、急速に疎遠になっていく。それぞれの進路が、進学コースと職業コースにはっきりと分かれてきたからだ。『スタンド・バイ・ミー』は、彼らの将来の展望がまだあいまいで、本人の生まれもった能力や生まれ落ちた家庭の階層にかかわりなく、すべてのクラスメイトが平等に「死体」になりえた少年の日を讃える物語である。

スティーヴン・キングと『スタンド・バイ・ミー』

ホラー小説作家として有名なスティーヴン・キングは、一九四七年に合衆国メイン州に生まれた。さまざまな職業に従事しながら貧乏暮らしの中で創作を続け、一九七四年に、執拗ないじめに遭って超能力に目覚める少女の物語『キャリー』でデビュー。以後、『呪われた町』(一九七五)、『シャイニング』(一九七七)、『ファイアスターター』(一九八〇)など、次々とヒットを飛ばし、ベストセラー作家の地位を確立した。著書は多数。多くの作品が映画化されており、何をもって代表作とするかはむずかしい。

『スタンド・バイ・ミー』はこれらのホラーとは一線を画す「ふつうの」小説だが、死体を探す不気味さや、死と隣り合わせの暴力シーンなど、ホラーを彷彿とさせる要素も多い。また、この作品は、後に希望どおり作家となったゴーディが過去を振り返る形の一人称で書かれており、途中に挿入されたゴードン・ラチャンス作「スタッド・シティ」「でぶっ尻ホーガンの復讐」という二編の短編は、どちらもキングが若いころに雑誌に発表した作品である。これらのことから、『スタンド・バイ・ミー』は作者の半自伝的な作品として紹介されることが多い。

『穴』

ルイス・サッカー作／幸田敦子訳

百々佑利子

元気のみなもとになるヤングアダルト文学

講談社，2006年（原書，1998年）

新しいヤングアダルト文学

ゆかいなヤングアダルト文学が二〇世紀の最後にあらわれた。人は、穴に落ちても、這いあがることができるという確信をもたせてくれる物語である。

ヤングアダルト文学には、思春期のブラックホールをのぞきこむようなストーリー展開が多い。そのテーマや成り行きはむろん重要であり深い共感はおぼえるものの、登場人物といっしょに暗闇を手さぐりしているようなつらい気分に陥る作品もある。ところが非行だの大人の狂気だのがバックにありながら、『穴』は名高いテキサスのほら話的あるいは西欧昔話的展開がまことに後味のよろしい物語だ。古きから新しいものが生まれたのである。ヤングアダルト文学の可能性を広げた小説といえよう。

テキサスという舞台で

物語は、一人の少年がテキサスの乾燥湖のほとりにある矯正キャンプへ護送されていくところからはじまる。テキサスはアメリカの一州だが、キャンプは一攫千金の夢の追い方が西部開拓時代から全く変わっていない、いわば純粋なテキサス人に支配されている。自由も民主主義も法も何のそなる。

の、なのである。このアメリカのブラックホールで、少年は「人格形成のために」乾燥湖で穴を掘らされることになる。

主人公の名前はスタンリー・イェルナッツ（Stanley Yelnats）。前から読んでも後ろから読んでもおなじ綴りである。彼は太っていて大柄でのろまな白人少年で貧しい家の一人っ子。一家には、ラトヴィア移民で「あんぽんたんのへっぽこりんの豚泥棒のひいひいじいさん」の呪いがかかっているせいで、「いつも、まずい時にまずいところに居あわせてしまう」定めがある。スタンリーもまさに運命にもてあそばれ、スニーカー泥棒の無実の罪をきせられるという穴に落ちたのだった。

スタンリーがキャンプで出会う収容生は、白人、黒人、ヒスパニックの少年たち、管理者側には、カウボーイハットをかぶった冷酷なミスター・サー、カウンセラーの「母ちゃん」（男性）それに所長（女性）のミズ・ウォーカーがいる。収容仲間の友情は育まれたり壊れたりし、一直線に何かが形成される共同体ではない。圧倒的な猛暑と乾燥が特徴のテキサスでは、誰もが生きのびるために懸命で、人種問題で対立する余力もないほどへとへと、肌の色はそろって砂漠の「土色」である。

因果はめぐるエピソードの豊かさ

さて、穴と対極にあるのは、天に近い山であり、巨岩である。そもそもスタンレーがブラックホールに落ちて穴を掘らされるはめになったのは、高いところから靴が降ってきたせいだった。物語は、山へ豚をかついでのぼったひいひいじいさん、アメリカン・ドリームの国で株で築いた全財産をテキサスの無法者ケイトに奪われたのち巨岩にのぼって命びろいをしたひいじいさん、そして変人の発明家である父親についても語る。そして彼ら先祖たちの落ちた穴は、スタンリーの身の上にも関わってくるのである。複雑といえばいえるプロットだが、構成のたくみさと文章のみじかさもふくめた簡潔な語りが、読者に物語時間の長さを感じさせない。

出版10周年記念版の原書表紙

ひいじいさんを救った巨岩の〈神の親指〉、乾燥湖になるいぜんの緑と水が豊かなりしころのグリーン・レイク村の悲恋物語の中で語られるタマネギジュースや桃ジュース〈ザブン〉の効能、宝探しに明け暮れた先祖たちの執念の被害者である女所長、ひまわりの種、ガラガラ蛇の毒など、作者が用意する小道具や設定はゆたかであるが、必要にして不可欠のものだけである。印象深いのは、書くことと読むことについて、作者がさりげなく読者にメッセージを送るいくつかのエピソードである。スタンリーはゼロと呼ばれている少年に字を教える。ゼロは計算にかけては天才的だが字が読めない。自分の呼び名ゼロの綴りを教わりいくども書いてみる少年をみて、スタンリーは「ゼロを百ぺん書いたって、ゼロはゼロ、『無』のままだ」と思う。しかし無駄ではなかった。字を教えたことはまず致命的になりかねない事件のもとになるが、それが決定的な救いへのきっかけともなり、テキサスサイズのジャンボな幸せをふたりはつかむことになる。人生の穴から這いでる予兆は、キャンプから脱走したスタンレーが「いまは……自分が好きだ」という心境になった時にあらわれた。そしてそんな気持ちをいだいたのは、巨岩のてっぺんにいるときであった。

独創性

主人公とその仲間は難しい年齢のヤングアダルトであり、彼らが直面する先進工業社会の底辺の現実もまた難しい。それでいて作品が質のよいエンタテイメントに仕上がっているのは、素材をあつかう大胆さ、骨太な構成、簡潔な表現を駆使した情動の描写、作中人物との距離のおきかたに、独創性があふれているからである。脇役たちの多彩さにも注目したい。愛に殉じて殺された黒人サムのたまねぎは、最も独創的な発想の少年たちを苦しめる湖は、サムの事件以後百年以上も雨が降らなかったために砂漠化した。しかしサムのそのたまねぎ畑は、そこへ来る意思のあるものを助けた。サムは誰か。今の多文化社会アメリカにも答えの一端はみつかる。サッカーは、アメリカとアメリカ人をまことによく知っている。

『穴』のあと

スタンリーがキャンプの体験やサバイバル術を語る『道』（幸田敦子訳、二〇〇三）と、『穴』の続編『歩く』（金原・西田訳、二〇〇七）が出版された。前者は、ユーモラスに作者が読者と交流をはかる。後者はアメリカの若者の興味をそそる業界の話が『穴』の脇役のひとりを中心に語られる。これからさらに百年後のアメリカ文化形成にむけた、小さな一歩の始まりの物語である。

サービス精神にあふれるサッカー

テキサス州都オースティン市在住の作者ルイス・サッカー（一九四五―）は、ニューベリー賞受賞（一九九九）作『穴』を出版するまでは、小学生向けのユーモラスな娯楽小説の書き手だった。アメリカの子どもたちがうれしがるヒーローを登場させるのが得意で、学校ものでは合衆国大統領を主人公のクラスに訪問させたりする。『穴』でも、大リーグの盗塁王がスタンリーの豪邸で、父親が発明した足のにおい消しのコマーシャルを見る場面がある。めでたしで終わる昔話的展開である。しかし物語のさいごを飾るのは、ゼロあるいはヘクター・ゼローニが生き別れていた母親に髪をなでてもらいながらラトヴィアの子守唄を聴く、しみじみとした場面である。それはスタンリー家に伝わる唄でもあった。ここでラトヴィアの一五歳の少年が初恋を成就させるために山上を流れる小川まで毎日豚をかついでのぼった行為からはじまった、穴に落ち穴から這いあがって生きた人びとのいくつもの人生がつながる。ほのぼのと温かく、そのうえテキサス流に大口を叩く展開がおかしく、大満足で読み終えることができる。一度や二度穴に落ちたって、くよくよすることはないのである。自分のことが好きであるかぎり。

コラム②

いたずらっ子はいたずらっ子から

ひとは作家の子ども時代のいたずらや、長じてからの奇癖のことを面白がって読みたがる。そのあたりには「まさかあのひとが?!」という驚きもあれば「まあ、やっぱり」という場合もあって、どちらにしろ迷惑なのはプライバシーが人目にさらされるご本人である。もっとも、中には自己演出をやらかす作家もいるが。

これが児童文学の作家の場合、一般に「子どもの本を書く人は心がキレイで子どものような感性の持主」というような勝手な思いこみがあるらしく「まさか」にも「やっぱり」にもいっそう色がつく。

だからビアトリクス・ポターが、ウサギの死体を煮て骨格を取り出してスケッチをしたという話は、受け狙いにぴったりなのだが、ウサギの死体説とキツネの死体説と両方あったりして、既に神話化されてしまっている。フランシス・ホジソン・バーネットが初めて雑誌に投稿する時、インク代を稼ぐために妹と摘んだのが、ブルーベリなのか、野ブドウなのか、いまだに私にはわからないのと一緒である。子どもとの関係で、スキャンダラスな行動が神話化し、あることないこと取り上げられる気の毒な人の筆頭は、ルイス・キャロルとジェイムズ・バリであろう。しかし話をいたずらに戻そう。

作者のいたずらっ子経験が作品に反映されている例はたくさんある。『トム・ソーヤーの冒険』は、ほぼ作者の少年時代の実体験に基づくというし、ロアルド・ダールの自伝『少年』を見れば、わんぱくどもが駄菓子屋に抱いた憧れと、そこにしかけたいたずらが、のちに『チョコレート工場の秘密』につながることがよくわかる。また、学校時代、彼が味わった大人の横暴ぶりや欺瞞に対する怒りは、ダール作品の源泉のひとつになっている。

イギリスの女の子は、さすがにわんぱくをしかける側にはなれなかった。子どものころ、デイジーと呼ばれていたE・ネズビットは、「ひなぎく《デイジー》だ！植えちゃおう」と、兄たちの手で庭に埋められてしまったという。これは『宝さがしの子どもたち』のエピソードとして使われているが、作品中では女の子も加勢して、お隣りの少年を生き埋めにする。ネズビットは、自分がなりたかったわんぱく少女を、フィクションの中で実現させたのだ。

バーネットは子どものころ、大の本好きで、寝食も忘れて小説に読みふけった。この想像力過多の少女は、『アンクル・トムの小屋』を読んだあと、自分を残酷な農場主に、人形を黒人奴隷に見立てて鞭を振るい、何も知らぬ母を驚愕させた。この想像力は確かに『小公女』セーラにつらなるものだ。セーラの空想が、階級性や人種差を超越しつつ、そのヒエラルキーを基盤にしているのと同様、バーネットの遊びも、周囲の社会のイデオロギーを反映している。〈無邪気〉な子どものやることと笑って見過ごしていいかどうか。

子どもは永遠に「陽気で無邪気で心なし《ハートレス》」だと描いたのは、バリである。無邪気は時に邪気よりこわい。人種問題が関わらなくとも、いたずらといじめの境界線は限りなくあいまいだ。ダールも学校ではずいぶんな目にあったようだが、ましてルイス・キャロルは見るからに典型的ないじめられっ子だ。そのためか、キャロルの作品中にはろくな男の子が登場しない。しかし、彼は現実の女の子のいたずらには寛容どころか助長していた。

海辺の避暑に出かける際には、キャロルは必ず洗濯バサミを持参したという。女の子たちは、スカートのすそが気になって思う存分はしゃげないでいる。洗濯バサミを提供して、話のきっかけをつかむのがキャロルの目的だった。いたずら大好き少女が体面や規則に縛られるのを嫌った彼ならではのエピソードだが……やはりちょっと奇癖かも。（川端有子）

Ⅲ　自然とともに

『たのしい川べ』

ケネス・グレーアム作／石井桃子訳

滝川秀子

この心地よき魅惑のスローライフ

岩波書店，2002年（原書，1908年）

あなたは食べることって好き？　そう聞かれて「うん、もちろん！」と答える方、この物語はあなたの本だ。まずその初めのほうのモグラとネズミのやりとりを聞いてほしい。

自然からの誘惑！

「このなかに、なにがはいってるんだね？」モグラは、それが知りたくて、からだをうずうずさせながらききました。

「コールドチキンがはいってる。」と、ネズミは、かんたんに答えました。「それから、コールドタンにコールドハムにコールドビーフにピクルスにフランスパンにサンドイッチに肉のかんづめにビールにレモネードにソーダ水――」

「ああ、ちょっと待ってくれたまえ」モグラは、ぼうっとなって、大声をあげました。「きいてるだけでも、胸がいっぱいだ！」

この真面目なモグラは暗い地下の家で春の大掃除に打ちこんでいたのに、外からの陽気の気配に我慢できず飛び出してきたばかりなのだ。そして初めて見る〈川〉の生きもののような魅力に目がくらみ、呆然としているところへ登場した気のよい川ネズミの誘いで、これも生まれて初めて即席のピクニックに連れてきてもらう。気がつけば、おなかはぺこぺこ状態だ。この作品の大きな魅力のひとつは自然の中で繰り広げる、時を超えてゆったりとした、いわゆる〈自然に包まれたスローライフ〉の暮らし方なのである。

男だけの落ちついた暮らしの魅力

こうして知り合ったふたりの（動物というより）男たちは、春から夏へとネズミの家で一緒に暮らしはじめる。物語の中の彼らはのびのびと自由だ。ちょいとボートで散策に行けば近所の者たちとも知り合いになり、モグラもすんなりその中に入りこむ。大事な坊やが行方不明になって気をもむカワウソ。理想の父親のように良識と決断力をもち、悠々としているが少し怖いところも感じさせるアナグマ。それに反して悪事ならおまかせのイタチやテンの連中は、一面で主人公たちを引き立てる大事な役割ももつ。

仲間うちでも断然目立つ富豪のヒキガエルは、どうしようもない滑稽な自己中心主義者だ。しかし何か騒ぎを起こす度に、友人たちのサポートのおかげで一応（?）立ち直ってみせる。彼のように乗り物狂いで、次々に目に入る新製品に心を奪われてしまう傾向は私たちの周囲にも見られるが、こんなに真心こめて進言してくれる友情を私たちは持っているだろうか。——そしてこの楽しい川べの冒険の日々にも、やがて転機が訪れる。

わが家へ！と呼ぶ声が……

それは、ある時、それもクリスマスも近い冬のさなか、モグラがネズミと暗い夜道を歩いて帰宅する途中だった。村のほとりでふと胸騒ぎをおぼえると、それは必死にモグラにとりついて段々大きくなり、もう身動きができないところまできてしまう。だがモグラが夢中で叫ぶ声も、前方を気ぜわしく行くネズミには届かない……。

なつかしのわが家！　だきしめてくれるような、このうったえ、空をただよってくる、このやわらかい感じ。なにか目に見えない、いくつもの小さい手が、みんな一つの方向に、モグラをひきよせ、ひっぱっているのです！

胸に響くグレーアムの人生

この「わが家」というものに対する作者の想いは胸を突く。ケネス・グレーアム（一八五九〜一九三二）が幼くして母と死別したとき、スコットランドの役人だった父は子どもたち四人を厳しい母方の祖母に預けたままフランスへ渡り、死亡するまでほとんど会うこともなかった。それでも後にグレーアムは祖母の家（ロンドン西方のバークシャー州クッカム・ディーン）での暮らしを振り返って、自分の記憶は四歳から七歳までのものがすべてだと言い切ったほどである。その一方、時満ちてもオックスフォード大学進学を許さなかった親戚の大人たちへの恨めしい思いもまた強く深いものであった。人によっては一時の辛い思い出――教育の断念――に終わったかもしれないことが、グレーアムの場合には永遠の痛みになり、その切なさも一助となって、この見事な作品に昇華したのであろう。

さらに、この物語は作者の現実逃避の表現とも評されたが、登場する女性の姿が少ない。大事な幼児期に温かく心配りできる女性に恵まれなかったらしいグレーアムは、社会的にも女性進出の兆しの見えはじめた当時、女性全体を〈森〉の奥深くにとどめおくことを選んだのだろうか。勤務先のイングランド銀行では三九歳で総務部長になったころ、エルスペス・トムソンと結婚はしたものの、どうやら後悔したようだ。

グレーアムの初期のエッセイ集『黄金時代』（一八九五）は、子ども時代をテーマにしたもので人気を博した。だがその後の年月で「もっと作品を」と請われても「自分はポンプではなく泉でいたいから」と言って日曜文筆家に徹し、新聞・雑誌への寄稿のほかには、子ども向けの短篇・エッセイ集などを十数点残したのみであった。そういえばこの作品のファンであり劇作化（『ヒキガエル屋敷のヒキガエル』一九二九）に成功したA・A・ミルンの『クマのプーさん』（一九二六）にも女性はほとんど登場しないのも興味深い。

子どもも大人も
いっしょなんだ！

『たのしい川べ』は出版直後には不評も受けたが、その後の大ヒットとロングセラー化の理由のひとつは、主人公たちが年齢や人種を超越した一人前の存在で、どんな読者とも対等な位置についてくれるからだ。本来は作者グレーアムが幼い息子アラステアにせがまれて、毎晩のように語りや手紙で聞かせた即興の動物ファンタジーから出発したものの、進行とともに彼自身の思想と穏やかな人柄が注ぎこまれたからであろう。そのせいか読むうちに主人公たちはエドワード朝時代の英国紳士そのものに変身してしまう。しかもグレーアムは言葉の達人ときている。英語の世界では散文のお手本とされるほどだが、日本語訳がまた温かく品がよく心地よいので、声に出して読んでみたくなる。そう、今すぐにでも。

夏の日にクッカム・ディーン周辺を訪ねてほしい。もちろんポケットには『たのしい川べ』を。土の道、緑の繁る丘、川のさざめき——土地の人びとの暮らしぶりを覗かせてもらうだけで物語との境界線は消える。グレーアムの魔法のせいだと思わずにいられない。

いざヒキガエル屋敷を取り戻せ！

『ツバメ号とアマゾン号』

アーサー・ランサム作／岩田欣三、神宮輝夫訳

子どもたちの黄金の夏休み

小野俊太郎

岩波書店，1967年（原書，1930年）

黄金時代がはじまる

夏休みの記憶が子ども時代を彩ることは多い。アウトドアの生活ならなおさらだろう。そんな忘れがたい黄金時代を描いた傑作が、アーサー・ランサムの『ツバメ号とアマゾン号』である。原題はそれぞれの船に乗り込む「ツバメたちとアマゾンたち」となる。ようするに、ふたつのグループの対立と友情と冒険の物語である。

こうした登場人物も、現実の子どもたちをモデルにしたせいで、言動が作為的には感じられない。湖などの自然風景と子どもたちの実際の生活へのランサム自身の観察に基づいた、きわめてイギリス的で落ち着いた筆致の小説なのである。しかも、どこかユーモアが漂っているのは、対象となる自然や人間を温かく見守るランサムの視点が保たれているせいである。子ども向けながら大人の小説の深みや味わいをもっている。

舞台は、ピーターラビットや詩人ワーズワースで有名な湖水地方である。イングランド北部の景勝地で、ウィンダミア湖とコニストン湖が有名だが、ランサムはふたつを合体して「北のみずうみ」としている。実在する島や川

や岩や建物が名前や配置を変えて登場しているが、現在行ってもある程度特定できるほど正確に挿絵に描かれている。

ウォーカー家の次男である七歳のロジャが、ツバメ号に乗りこむ場面から物語ははじまる。下にヴィッキイという赤ん坊が生まれたせいで、兄としての自覚をもち、兄とふたりの姉の遊び仲間に入れてもらえる、このロジャの視点から、ウォーカー家の子どもたちによる冒険が開始する。

ツバメ号は、沈着にして大胆な兄のジョンが船長として先頭に立ち、規律に厳しい長女スーザンが航海士をやり、次女のティティはなかなか感受性に優れた存在で、それに新米のどちらかといえば甘えん坊の次男ロジャがいる。ウォーカー家の子どもたちはキャラクターも多彩である。だが、ロジャが参加した今回は、のんびりとはできない夏休みになってしまった。

しかも簡素でみずみずしい文章で書かれている。私たちが読んでいるうちに、作品世界に引きこまれるのは、子どもたちが船を操ったりキャンプをする行動が、目の前で起きているかのようにみごとに描き出されているせいだ。現実世界を材料にしたリアリズム作品としての持ち味が発揮されている。

冒険また冒険

ツバメ号という小さな船（ディンギー）を操って、湖を渡り、ヤマネコ島やロング島に探険にでかける。母親に作ってもらったテントを張り、キャンプ生活をすること。これがウォーカー家の子どもたちの夏休みの過ごし方なのだが、そこに、ライバルとなるアマゾンたちが出現する。独特の言葉づかいをするナンシイを筆頭にしたブラケット家のメンバーである。島にいたジョンたちは海賊の旗をひらめかすアマゾン号を発見して緊張する。

小さな船にはふたりの女の子がのっていてひとりがかじをとり、もうひとりはまん中のスオートにすわって

子どもたちが湖に船出をする

いた。そのふたりは、そっくりおなじといってよかった。ふたりとも、赤い毛糸の帽子、茶色のシャツ、青い半ズボン、ストッキングなしという身なりだった。そして今、まっすぐ島にむけてかじをとっている。

「全員伏せ。」と、ジョン船長がいった。

「敵か味方かわからんぞ。」

ナンシイたちは、男の子のような格好で足をむき出しにして、ヴィクトリア朝の古い価値観から抜け出している。そして、ジョンたちが滞在している農場のあるリオとは湖の対岸にいる。アマゾン川と勝手に呼んでいる河口をねじろに、ツバメ号とおなじく、湖の島を探険しているのだ。

全編わくわくするエピソードが描かれる。蛇が出てきたり、薪をあつめて火をおこしたり、灯台を作ったり、夜の帆走をしたりする。そして、アマゾン号との「戦争」のさなかに、敵襲があったり、ツバメ号が敵の根拠地に乗りこんだりと、とにかく冒険の話にはことかかない。

そうした冒険のどれもが、基本的には夏休みをすごす子どもの日常的な遊びの世界でありながら、もっと大きなイギリス社会の出来事とつながっているように見える。これが作品世界を普遍的に見せる。彼らの体験や価値観は子どもだけの狭い世界に閉じこもってはいないのだ。そのため成長物語が自然なものに思える。

魅力を支えているもの

この小説が痛快なのは、湖を舞台にしながら、空間は狭いのに扱われる世界が広いからである。モデルの子どもたちもいて現実を素材にした小説だが、同時に海洋冒険小説というイギリスの文学の伝統につながっている。屋形船（ボートハウス）の主が海賊のフリント船長と呼ばれていたり、第一八章が「ロビンソン・クルーソーとフライデイ」となっていたりと、偉大な先人への言及がある。小説の最後はこうした冒険物のお定まりどおり、フリント船長の奪われた宝を探す物語になっていく。

ランサムは、現実の湖水地方を題材にしながら、文学や文化の伝統を組みこんで作品に深みを与えた。出発点の「ダリエンの頂上」という地名は、キーツの詩からとられている。また、バランタインの『珊瑚島』（一八五八）やジェフリーズの『ビーヴィス』（一八八二）やスティーヴンソンの『宝島』（一八八三）といった児童文学の古典から、多くのインスピレーションを得ている。どれもロビンソン物語の末裔で、子どもたちが島を探検する話である。

この作品のもうひとつの魅力は、ランサム自身による挿絵である。ロフティングの〈ドリトル先生〉シリーズのように、決して上手な絵ではないが、確かな自然観察に基づき、人間だけがアップにはならず、風景に溶けこんでいる。冒険と自然がしっかりと結びついている。これが読者の心を捕らえて離さないのだろう。

ランサムについて

父も祖父も湖水地方の出身だが、父が大学教授だったので、アーサー自身はリーズで一八八四年に生まれた。ポーやワイルドの評論を書いたあと、ロシアに民話研究にでかけ、第一次世界大戦とぶつかりジャーナリストとして活躍した。ロシア民話の翻訳をし、普通の小説も書いているが、やはり『ツバメ号とアマゾン号』（一九三〇）にはじまる一二冊のシリーズに、人気は集中している。湖水地方を舞台にしたものだけではなく、外洋に出る話もある。未読の人には、すばらしいことに、一二冊分の楽しみが待っている。一三冊目を未完のまま、一九六七年に亡くなった。

『大きな森の小さな家』

ローラ・インガルス・ワイルダー作／こだまともこ、渡辺南都子訳

白井澄子

懐かしさがいっぱいの開拓民の生活

講談社，1988年（原書，1932年）

開拓農民一家の日常

テレビドラマ化された〈大きな森の小さな家〉シリーズは、日本でも多くの視聴者をひきつけた。七巻からなる原作は、少女ローラの目を通して一九世紀末のアメリカ開拓農民の生活を描いたもので、『大きな森の小さな家』はその第一巻目である。インガルス一家は、両親と娘三人。ローラは次女にあたる。一家は、ウィスコンシン州周辺を、開拓をしながら転々と移動して暮らしたが、『大きな森』は初期のころの体験をもとにした物語である。森に小さな丸太小屋を建て、自力で切り開いた小さな農地をたがやし、狩猟で生計をたてる一家の暮らしは質素だが、どこか私たちの郷愁をくすぐる。

物語は、保存食を作る冬じたくからはじまり、親戚が集う賑やかなクリスマス、長く厳しい冬の夜、暖炉のそばで聞く父さんのお話とヴァイオリン、猟や作物の収穫に忙しい夏や秋、そして再び雪のふりはじめる初冬までの一年間の日常を追ったもので、開拓民の生活が手にとるように伝わってくる。自給自足の生活、家族が助け合って生きる日々など、『大きな森』は現代人が憧れる昔懐かしい手作りの暮らしのバイブルでもある。

極上のホームドラマ

物語の中心は、なんといっても父さんだろう。荒れた土地を開墾して、狩猟で毛皮をとるだけでなく、狼や熊から家族を守る父さんは、たくましさと優しさを備えた魅力的な人物である。彼は優れた判断力と未来に向かって進む開拓者魂にあふれ、愛妻家で子煩悩なだけではなく、ヴァイオリンとお話の名人でもある。『大きな森』には、父さんが語る怖い話や失敗談などがいくつも挿入されているが、いずれも開拓民の知恵や勇気をほら話風に伝えていて面白い。

母さんは、夫を支え、家族を暖かく見守る理想の女性といってもいい。母さんがパンを焼き、バターを作り、父さんが手に入れた野生の豚でベーコンを作るようすや、母さんの手料理が家族をほっとさせるようすは、読者をも癒してくれる。父さんと母さんは、常々「お互いがあればこそ」と認め合う夫婦で、理想的すぎるかもしれないが、現代児童文学ではめったに描かれなくなった夫婦の愛と信頼を見る思いがする。

トウモロコシの芯で作った素朴な人形

一方、娘たちは両親の手伝いをすることで、少しずつ開拓者の生き方を身につけていく。時に、辛抱のたりないローラは叱られることもあるが、両親はその理由をちゃんと説明してやる立派な教育者でもある。夫婦、親子が互いに強い信頼と愛で結ばれているからこそ、お仕置きにも耐えられるし、厳しい自然の中で暮らすことができるのだと、物語は語っているようだ。まさに、極上のホームドラマではないだろうか。

作品の面白さは、ローラが物語のヒロインであると同時に、実在した人物であるところで、フィクションと伝記、両方の魅力を備えている点だろう。『大きな森』のローラはまだ幼いが、少女小説の人気のヒロインである赤毛のアンやジョーに似たところがあり、自由闊達な言動は読者をわくわくさせる。ある時、ローラは髪の毛の色のことで口げんかをしたあげく姉のメアリーをぶったために、父さんから大目玉をくらうことになる。

ローラはなにもかも、すっかり父さんに話してから、たずねた。

「父さんは、茶色い毛より金髪がすきじゃないでしょう?」

父さんの青い目がきらりと光って、ローラを見つめた。

「そうだね、ローラ、父さんの髪は茶色だものね」

ローラは、いままで、そんなことを考えたことはなかった。父さんの髪は茶色で、ほおひげも茶色。ローラは、茶色ってすてきな色だな、と思った。なにはともあれ、ローラは、メアリーがひとりで、木切れをなべにいっぱいあつめなければならなかったのが、うれしかった。

二人のローラ

ローラは父さんにお尻をたたかれて屈辱を味わうが、茶色の髪も悪くないと知ったり、思いがけず姉に仕返しができたことを喜ぶ。こんな率直な気持ちの表れに、フィクションと実在のふたりのローラが重っていて面白い。

著者のローラは自立心に富む女性に成長し、一六歳で小学校の先生になり、一八歳で農夫と結婚。農業雑誌に投稿する聡明で積極的な女性ではあったが、基本的には農家のおかみさんであった。それが、本当なら老後を楽しもうという六〇代のなかば、娘のローズに促されてこのシリーズを書きはじめたのである。晩年になっても新たなことに挑んだのは、前向きに生きる不屈の開拓者魂のなせる業だったのかもしれない。しかも、半世紀も前の子ども時代を、余計な感傷や飾り気なしに鮮明に紙の上に蘇らせることができたのは、記憶力もさることながら、開拓民として生きた子ども時代を全身で味わっていたからだろう。

作品の執筆と開拓者精神

〈大きな森〉シリーズが書かれたのは一九三〇年代初めであるが、作品の舞台は少女ローラが生きた一九世紀の後半である。娘のローズが母親に、忘れられつつある開拓時代のことを思い出して書くように勧めたのにはわけがある。アメリカは一九二九年に大恐慌に見舞われ、人びとは生きる力と希望を失った。このような時に、腕利きのジャーナリストとして活躍していたローズは、人々が忘れかけていた不屈の開拓者精神に満ちた物語を母親に書いてもらうことを思い立った。娘の叱咤激励に時に反発しながらも書きあげたこの作品は、母娘の合作といってもいいほどである。人びとは、このような物語を待っていたのだろう。シリーズはベストセラーとなった。実は当時、同様の「開拓もの」が多数書かれたが、〈大きな森〉シリーズ以外に現在まで読みつがれているものはあまりない。おそらく、フィクションには真似のできない血の通った人物像、実際にあったエピソードなどを、余計な粉飾を交えずに書いたことが、長く愛されている理由だろう。

七冊のシリーズは、ローラの教師生活を扱った『この黄金の日々』（一九四三）で完結する。巻を追うごとにローラは成長するが、アメリカは都市化が進み、鉄道が走り、開拓の時代は過去のものになっていく。ローラが鮮やかに再現したインガルス一家の家族史は、人間のドラマに満ちたアメリカの歴史そのものであり、だからこそ、いつの時代にも人びとの心に響くものがある。

挿絵はガース・ウィリアムズのものが知られているが、このヘレン・シューエルによる挿絵入りの版は本国アメリカでも絶版になっているため、貴重な版からの翻訳である。

『秘密の花園』

フランシス・ホジソン・バーネット作／猪熊葉子訳

やっぱり私はコリンがきらいだ

川端有子

福音館書店，2003年（原書，1911年）

私は秘密の花園が好きでなかった

じつをいうと、子どものころ、私は『秘密の花園』が好きではなかった。どうしてかというと、出てくる子どもたちがかわいくないからだ。どんな解説を見ても、『秘密の花園』は、同じ作者の『小公子』や『小公女』のセドリックやセーラが努力をしなくても「いい子」で「美しい」のに比べ、みっともない子どもたちを主人公にした画期的な作品だと書いてある（もっともセーラはとても努力をしているので、これはあまり公平ではない）。確かにメリーもコリンも腹が立つくらいわがままで、人好きがしない。いくら大人の批評家が「リアルな主人公が画期的だ」と褒めようが、子どものころの私としては、お話の中くらい現実離れしたかわいい主人公に出てきてほしかったものだから、『秘密の花園』はどうも気にいらなかったのである。

メリーがあまり美人でないところはまあ我慢するとして、さらにいただけなかったのは、彼女の横柄な口のきき方である。世話をしてくれる女中さんに「ブタ！」とは、なんという無礼な。インド人の召使を人間じゃないと言うのも、かなり問題発言である。また、庭師のおじさんのベンもけっこう無愛想な人ではあるが、いちおう大人である。その人に向かっての見下したものの言い方もどうかと思う。

ミステリーは読ませる

だが、少しずつ、少しずつお話の魅力にはまってしまうのはくやしいがほんとうだ。寒そうで暗い冬の風景から、そよ風が吹く爽やかな春へと季節が移っていくと、何にも関心がなく、遊ぶことも、食べ物をおいしく食べることも知らずに生きてきたメリーが、小鳥に心惹かれ、庭の扉を見つけ、球根の芽を探り当てる。微笑み、語りかけ、「ありがとう」というようになる。出だしの印象が気に食わなかっただけに、この変化はけっこうかわいい。庭の中にもお屋敷の中にもミステリーがあってわくわくする。「一〇年間」というのがキーワードだ。一〇年前に閉ざされた庭園、一〇年間外国をさまようお屋敷の主人。そしてメリーの歳も一〇歳。一〇年間ほったらかしのバラ園は、死んだように見えるけれど、ちゃんと生きていた。一〇年間ほったらかしのメリーも、一〇年間主のいなかったお屋敷もきっと……。

だがまたここで、この本は好きじゃない、と思ってしまう。メリーよりもさらに不愉快な子どもが出てくるからだ。

コリンはさらに悪い

コリンである。泣き虫で弱虫で、お屋敷中の厄介者のくせに、このいばりくさった様子。いったい何さまのつもりだろう。あととり息子がそんなにえらいのか？　もっともコリンの方はメリーとちがい、顔はきれいなのだが、性格がこう悪くては、長いまつげもパッチリしたおめめもだいなしだ。だから、死ぬんだとか騒いで泣きわめくコリンを、メリーが怒鳴りつけたときは思わず拍手してしまった。びっくり仰天したコリンが、世の中には自分を叱る人がいると知ったことはなかなかの進歩だったと認めよう。だがそのあとも、えらそうな態度にはあまり変わりがない。いくらまわりの大人たちが使用人ばっかりだといったって……。しかも、庭つくりを手伝ってくれたり、車椅子を押してくれたり、かわいがっている動物を連れてきてくれたり、さまざまな点で味方をしてくれるディッコンに対して、ずいぶん見下した態度を取るではないか。

メリーは、コリンを見て「インドの王さま《ラジャー》」を思い出したわ、なんてよけいなことを言わなければよかったのか

花園のとびらを開けるメリー

もしれない。図に乗ったコリンは、ますますいばりくさって「王さま《ラジャー》」ごっこなんかをはじめてしまった。庭師頭のローチさんに「下がってもよいぞ」とか言っちゃって、かなりはずかしいのでやめてほしい、と思う。

庭つくりをはじめてから、メリーはずいぶん変わった。かわいいすなおな女の子になって、よくあるお話の主人公に近くなった。が、同時にコリンを怒鳴りつけたあのエネルギーもどこかへいってしまった感じで、残念だ。それなのに、コリンの方は性格がぜんぜん変わらない。病弱ないばりやが健康ないばりやになっただけである。行動力がついただけ、よけい悪かったりして。

一番好きな場面は

ともあれ、このあたりになると、話の展開が読ませるので、やめられない。私が一番好きだったのは、庭でみんながこっそりおいもとパンとミルクを食べる場面だった。これがおいしそうなのだ。食欲のない病人だというふりをするため、ディッコンのお母さんに頼んで持ってきてもらった食料である。豪華なお料理が捨てられちゃう一方、ディッコンの家の人たちは食うや食わずの貧しさだったはずだが……とふと気になるが、押しつけられる食事より、この秘密の食卓のほうが魅力的であることは重々認めよう。

だが、楽しい食事の後になると、またコリンが演説をぶつのでうんざりする。科学的発見とか、魔法とか、そんなことは言わなくてもちゃんと、メリーが庭を作ってるのを見てればわかるのに。メリーとディッコンも、ちょっと黙って土を掘りなさいよ、とも言わずに感心して聞いているのだからいらいらする。おまけに気むずかしいベンまでが、やたらコリンに甘い。叱りつけてやればいいのに、感心してうやうやしく見ている。気に食わないからこのへんは飛ばして読むことにする。

一方、コリンのお父さんのクレーブン氏が悲しみを抱えて、イタリアやスイスの湖のほとりをさまよっているところにはちょっと同情する。その美しい風景も、心を癒すことはできないのだ。一〇年間もこうしてただ旅行していたとは、お金持ちだったのね、というような意地悪な感想は控えておこう。ちょうどコリンが生きていく決心をしたその瞬間、死んだ奥さんが夢の中でクレーブン氏に「〔わたしは〕お庭にいるのよ」と呼びかけたというのも、出来すぎなんていうのはやめておこう。お話というのはこういう偶然が働いているからこそ面白いのである。

結末は庭の中で

お父さんが帰ってきて、庭の入口で息子と再会するところは、確かにちょっと感動だ。すべての謎は解けたし、何もかもうまく収まった。だが感動している間に、うっかりメリーとディッコンがいつのまにかどこかへいっちゃったことに気がつかなかった。結局、このふたりはどうしたのだろう。本には何も書いてないのだが、多分うるさく演説をぶったりするコリンが、こわそうなお父さんとお屋敷に帰ってしまったから、ほっとして次のシーズンのためのガーデニングのプランを練りはじめたのだろう。お天気はいいし、イギリスの夏は短いんだから、なるべく外にいたほうが楽しいというものである。

作者のおはなし

作者のバーネットは、インドにもヨークシャーにも行ったことがなかったらしい。これはけっこう驚きだ。じゃあどうやってあの風景を思い浮かべて書けたんだろう？　だけど、考えてみれば、「それらしい」風景は、本物を見なくても、書けるものなのだ。それからこの人の息子のひとりは小さい時病気で死んでしまって、その子がコリンのモデルなんだそうだ。お話の中でぐらい病気が治ることにしたかったのだ。それを聞くとちょっと同情してしまうのだが、やっぱり私はコリンが嫌いだった。数十年たった今でもそうである。

『青いイルカの島』

スコット・オデル作／藤原英司訳

横川寿美子

女の子のサバイバル

理論社，2004年（原書，1960年）

実話の重み、フィクションの力

太平洋の小島に暮らすアメリカ先住民の少女を主人公にしたこの物語は、一九世紀に起きた実話を元にしている。現地語で「青いイルカの島」というその島で、人びとは長い間平和に暮らしてきた。だが、周辺に棲むラッコを狩りにアリュート人たちが大勢やって来るようになって、島の部族との間に争いが起こる。そして、戦闘で多くの男たちを殺された島民は合衆国本土への集団移住を決意するが、皆で船に乗り込んだ直後に一人の少女が海に飛び込み、泳いで島に戻っていく。物語は、彼女がその後の長い年月を一人で生き延び、偶然発見されて島を去るまでを描いている。美しく厳しい自然の中で強く生きる主人公の姿が人びとの感動を呼び、本書は二十数カ国語に翻訳され、映画化もされた。

私は高校生の時にまず映画を見て、何よりも主人公が自分と同年代の女の子であることに強く惹かれた。実話と聞いていたので、その時はすべてが事実だと思っていた。けれども、大人になって原作を読み、さらに解説や評論などを読んで、この少女については一八年間島に一人で暮らしたという以外は、ほとんど何の記録も残っていないと知った。映画でも原作でも人びとを感動させてきたのは、乏しい資料を元に豊かな物語を作りあげた作者のフィクションの力だったのだ。

彼女が掟を破った理由

主人公のカラーナは、物語の前半で、部族の酋長だった父をアリュート人に殺され、幼い弟とともに孤児となる。彼女が海に飛び込んだのは、その弟ラーモが島に取り残されたと知ったからなのだが、彼は姉と再会して間もなく、野犬の群に襲われて死んでしまう。だが、カラーナは悲しみをこらえ、きっとそのうち「白人の船」が迎えに来ると信じて、たった一人でも前向きに生きていこうとする。

もっとも、見知らぬ島に漂着したロビンソン・クルーソーとは違って、カラーナのサバイバルは住み慣れた故郷が舞台なので、当面の暮らしにはそれほど困らない。当時の部族社会で一二歳の女の子といえば、アワビや魚を捕って保存したり、植物や鳥の羽で服を作ったりすることにかけては、すでにエキスパートである。問題は、自分の身の安全のため、また、弟の敵を討つため、すぐにも野犬の群れを退治したいのに、その手段がないこと。部族の掟は、女が武器を作ることをかたく禁じていたからだ。掟を破れば、どんな恐ろしい天罰がくだされるかわからない。それでもカラーナは、なんとか槍と弓矢を作りあげる。弟を殺された恨みはそれほど深かった。

敵なのに友達

だがそれなのに、いざ自分の矢が野犬たちのリーダーに深い傷を負わせたのを見ると、彼女の殺意はなぜか失せてしまう。傷の手当をしてやり、餌と寝床を与えるうちに、犬は彼女になつき、まもなく生活を共にするようになる。カラーナはその犬ロンツーを仲間にして初めて、自分がそれまでどれほど寂しかったかに気づくのだった。

その後カラーナは、ロンツー以外にも少しずつ友達を増やしていく。ある時は、美しいハチドリのヒナを馴らすことに成功。また、ある時は怪我をしたラッコの子どもを浅瀬にかくまい、小魚を与えて仲良くなる。ラッコはやがて傷を癒すと外海へ帰っていくが、成長して母親となった後もカラーナを忘れず、彼女がカヌーで海に出るたび

カラーナとアリュート人の少女

に、赤ん坊を連れて近寄ってくる。

そんなある日、アリュート人の男たちがまたやって来た。彼らを憎み恐れるカラーナはあわてて隠れる。だが、彼らに同行して来た一人の少女がふいに目の前に現われると、憎しみよりも人恋しさが先に立つ。それは、ロンツーやハチドリでは満たせないものだった。そして、大勢の男たちの中に一人混じったそのアリュート人の少女もまた孤独だったのだろう。言葉が通じないふたりは、互いに手作りの髪飾りや首飾りをプレゼントし合い、互いの言語で「きれい」「ありがとう」「さようなら」と声をかけ合うだけなのだが、それだけでも温かい気持ちは十分に通い合った。

このふたりのふれあいは、映画の中でもとりわけ美しいシーンとして記憶に残っている。

男の闘争心、女の子の共感能力

ロンツーの場合もこの少女の場合も、カラーナは最初抱いていた敵意を間もなく忘れて、相手に親しむようになる。同様に、当初は狩りの対象でしかなかった動物たちにも、やがて友達として接するようになる。貝や魚を食料にする暮らしは変わらないが、強い筋をとるためにアザラシを殺し、羽をとるために鵜を殺すことは、ハチドリやラッコたちと仲良くなるにつれて、したくてもできなくなるのだ。

つまりカラーナは、敵・味方の別なく、周囲のものすべてと協調・共存する姿勢を身につけていくわけだが、彼女は決して頭で考えてそうしているわけではない。この物語は男女の対比がとてもはっきりしていて、部族民とアリュート人の関係でも、男同士は殺し合い、女の子同士はうち解ける。弟のラーモは、父親が死んだからには自分が部族の酋長だと言い張り、姉の言うことをきかずに命を落とす。一方、豊かな自然の中で友達を少しずつ増やしていったカラーナは、季節に応じ、毎日するべきことをして、一人でも満ち足りた暮らしを続ける。

……ロンツーとわたしは、よく海を眺めながら崖に沿って歩いた。その年の春も白人の船は戻って来なかったが、わたしは幸せだった。あたりには花の香りがたちこめ、いたるところで小鳥たちが歌っていた。

カラーナが島を去ったのはついに「白人の船」がやって来たからだが、本土に渡った後の彼女が幸せだったかどうかについては、この物語も、残された記録も、多くを語っていない。

少数民族を描いた作者スコット・オデル

スコット・オデルは、一八九八年にロサンゼルスで生まれ、さまざまな職業を経た後に文筆生活に入った。一九六〇年刊行の本書が最初の児童書だというから、児童作家としてはずいぶんと遅い出発である。本書でニューベリー賞を受賞した後も歴史に基づいた作品を次々と発表し、本書と同じくアメリカ先住民の少女を主人公に、白人が少数民族の暮らしに侵入する様を描いた『ナバホの歌』(一九七〇)や『小川は川へ、川は海へ』(一九八六)なども高い評価を受けている。一九八九年没。

『青いイルカの島』の場合、白人の登場はごくわずかなので、「白人が少数民族の暮らしに侵入する」といってもピンとこない読者が多いかもしれない。だが、ラッコを乱獲するアリュート人は明らかに商業主義の影響を受けているし、物語の冒頭には、彼らを指揮するロシア人の姿も見える。そもそもアリュート人とはアリューシャン列島の先住民族のことで、ヨーロッパ人の侵入によって人口が激減した歴史をもつ。先住民族が白人に生活の場を追われ、さらに先住民族同士で殺し合うようにし向けられた史実の上に、この物語は成立しているのだ。

『シャーロットのおくりもの』

E・B・ホワイト作／さくまゆみこ訳

農場を舞台にした生と死と再生の物語

さくまゆみこ

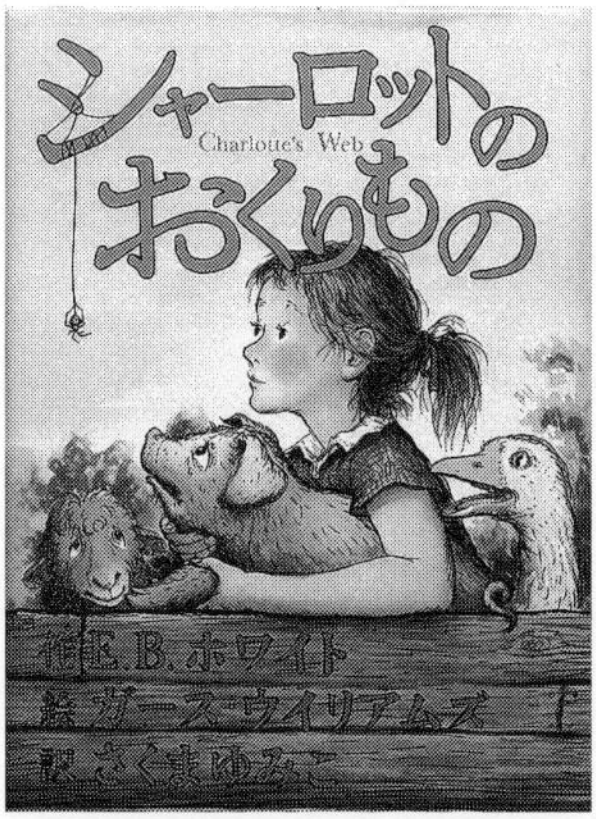

あすなろ書房，2001年（原書，1952年）

シャーロットって誰？

アメリカの子どもの本のロング&ベストセラーというと、必ず名前をあげられるのがこの作品だ。『パブリッシャーズ・ウィークリー』誌が二〇〇一年に発表した「時代を超えるベストセラーリスト」のペーパーバック版部門を見ても、〈ハリー・ポッター〉シリーズやヒントンの『アウトサイダー』、ローラ・インガルス・ワイルダーの〈大草原〉シリーズなどを押さえて、第一位に輝いている。

アメリカでは知らない人がいない物語だが、日本ではまだそこまでいかない。大学で、内容を知らない学生たちにガース・ウイリアムズが描いた表紙を見せて「シャーロットはどれだと思う？」ときくと、真ん中に出ている女の子だと答える者がいちばん多い。「違う」というと、「じゃあ、子ブタかな？」と言う。クモだと思う学生はほとんどいない。表紙では、女の子も子ブタも、ガチョウも羊もみんなクモを見ているのだけれど。

「クモのアナンシ」などの昔話をのぞくと、クモが主人公になっている物語はとても珍しい。それに日本ではクモを気味悪がる人も多いので、まさか、と思うらしい。

ちなみに子ブタはウィルバー。女の子はファーン。最初はできそこないだから始末されようとしていたウィルバーをファーンが助け、ほ乳瓶で養う。のちには、ベーコンやハムにされそうになるウィルバーをシャーロットが助ける。灰色のクモであるシャーロットはインテリで、文字の読み書きができるし、生物学の知識も豊富だし哲学的でもある。

納屋を舞台に

主な舞台は農場の納屋。作者のE・B・ホワイトはメイン州に農場を持っていた。そしてその農場の動物たちをじっくり観察したうえでこの物語を書いた。だから、動物たちはある程度擬人化されているものの、描写はリアルで五感に訴える臨場感に富んでいる。

大学のゼミでこの作品を読んだ時、ほとんどの学生はとてもいい印象をもったのだが、「農場のくさい匂いがずっとしていて嫌だった」という学生が一人いた。逆に言えば、ホワイトの文章には、消臭文化の中で育った学生にさえ、匂いをリアルに意識させるだけの力があるということだろう。

ウィルバーがくらすことになったのは、とても古くて大きな納屋で、干し草と堆肥のにおいがしました。くたびれた馬のあせのにおいと、しんぼうづよい雌牛のあまやかな息のにおいもしました。たいていは、安らかで平和はにおいにみちていたので、世の中にはもう二度と悪いことなど起こらないように思えました。それに、穀物や、馬具をみがく油や、車軸につける機械油、ゴム長ぐつや新しいロープのにおいもしていました。ネコが魚の頭をもらうと、納屋は魚くさくもなりました。でも、いちばん強くにおうのは、なんといっても干し草でした。というのも、納屋の二階には、干し草がどっさりつんであったのです。

確かにかぐわしい匂いばかりではない。しかし農場の暮らしを絵空事ではなくしっかりととらえた描写である。

人間が横糸、動物が縦糸を織る

この作品には動物と人間の両方が登場する。最初のうちは人間の少女ファーンにも、納屋の動物たちの言葉がわかる。そのため母親は娘のファーンに妄想癖があるのではないかと心配して村の医者ドリアン先生に相談しに行く。この物語には、味のある脇役がたくさん出てくるのだが、人間界の脇役としてはこのドリアン先生が印象深い。なにしろ「動物が話すのを、わたしはまだきいたことがありません。しかし、だから話さないとはいえませんぞ。動物がていねいに話しかけていたとしても、こっちが注意をはらっていないためにわからないということだってありえます。(中略) もし人間がこれほどおしゃべりじゃなかったら、動物はもっと話をするのかもしれませんな」などと言い、そのうちボーイフレンドでもできればファーンも変わるだろうと予言するのである。

そして物語はその予言どおりに進展する。のちに家族と一緒に品評会に出かけたファーンは、ウィルバーが大きな賞を取れるかどうかより、ボーイフレンドと観覧車に乗ったり屋台見物をしたりする方に興味をもつようになるのだ。人間たちの言動をこの物語の横糸とすれば、縦糸をしっかり織っていくのは納屋の住民の動物たちである。同じ言葉を早口で繰り返すガチョウのおばさん、ブタはいずれ殺される運命さ、と現実的な知識を披露する羊のおばさん、何でもためこむ癖をもち自分勝手でずる賢いネズミのテンプルトンが脇をかため、主役はもちろんシャーロットとウィルバーということになる。

生と死と再生の物語

それでは小さなクモが、どうやったらウィルバーを食肉となる運命から救い出せるのだろうか? シャーロットは、クモの巣にウィルバーをたたえる文字を書くという奇想天外な方法をとる。『スチュアートの大ぼうけん』で、人間から生まれたネズミを主人公にすえたことから考えても、E・B・ホワイトが奇抜なアイデイアの持ち主だということはわかる。しかしホワイトは、ただ思いつきだけで突っ走ったわけではない。ホワイトはクモの生態について細かく観察したばかりでなく、クモについての研究書を何冊も読み、メモを取り、研究書の著者に質問の手紙も書いている。

クモの寿命はブタの寿命より短い。ウィルバーを死の運命から救い出したシャーロットは、先に自らの死を迎えることになる。ウィルバーは残された卵のう（卵を包む袋）を口に含んで守り、納屋に連れ帰る。その卵のうからシャーロットの子どもたちが誕生してきたのを見て、ウィルバーは大喜びする。しかしその喜びもつかの間、子どもたちは次々に別れを告げると春の風に乗って飛び去っていく。ウィルバーは地面につっぷして泣きながら眠ってしまうのだが、目をさますと三匹が納屋に残っているのを知り、ウィルバーはその名付け親になるのである。

物語は「すばらしいことばが書けて、しかも、ほんとうに親しい友だちというのは、なかなか得られるものではありません。シャーロットは、その両方だったのです」という言葉で締めくくられるのだが、ここにはホワイト自身の作家としての感慨もこめられているのだろう。

E・B・ホワイトについて

『ニューヨーカー』誌を中心に、エッセイスト、詩人、小説家として活躍したホワイト（一八九九―一九八五）の著述の大半は、大人に向けたものであった。しかし現在でも多くの読者を獲得しているのは、三点しか書かなかった児童文学作品、すなわち寝台車に乗った時の夢から生まれた『スチュアートの大ぼうけん』（一九四五）、農場での暮らしから生まれた『シャーロットのおくりもの』、そして声の出ない白鳥と人間の少年の友情を描いた『白鳥のトランペット』（一九七〇）である。一九七〇年には、児童文学に多大な貢献を果たしたとしてローラ・インガルス・ワイルダー賞を受賞した。

『ふたりはともだち』

アーノルド・ローベル作／三木卓訳

友だちと一緒にいる心地よさ

甲斐淳子

文化出版局，1972年（原書，1970年）

読む本はいつも同じ

ある日の午後、図書館の一角に設けられた子どもの本のコーナーで、四、五歳の男の子が一冊の本を手に母親と話しているのを見かけた。どうやら、借りる本を探してくるように言われたその子は、いつも同じ本を持ってくるらしい。

「また、それを借りるの？ もう何度も読んで、お話を知っているでしょう？」困り顔の母親をよそに、男の子は大事そうにその一冊を抱えて出て行った。アーノルド・ローベルの『ふたりはともだち』だった。

五つの短編からなるこの作品集は、その題名よりも「がまくんとかえるくん」の仲良しコンビとして有名かもしれない。ストーリーは、初めて本を手に取る子どもたちにも読めるやさしい言葉づかいで書かれている。どこか懐かしさを覚えるほのぼのとした水彩の挿絵と、友情に対する率直な言葉を目で追ううちに、自然と胸に暖かさが満ちてくるのを感じる。

なかでも「おてがみ」という一篇は、小学校低学年用の教科書にも載ったことで、おそらく多くの人の記憶に残っているに違いない。今まで一度も手紙をもらったことがないと、空っぽの郵便受けを悲しげに見つめる友だちを、幸せな気持ちにしてあげようと、こっそり書いた手紙をカタツムリに配達してもらう物語である。

楽しい時も退屈な時も

一九三三年、ロサンゼルスに生まれたローベルは、まもなくニューヨークへと移り、少年期を過ごす。だが身体が弱かったために、学校は休みがちだった。そのため、友達作りに苦労した彼は、得意の動物の絵を描き、物語を話して聞かせることで仲間を増やしていったという。ローベルにとって、絵を描くことは自分と友達を結びつける大切な手段だったのだ。その時の経験が基になり、この愛すべきキャラクター「がまくんとかえるくん」が生まれた。おっちょこちょいで、どこか悲観的に物事をみてしまう「がまくん」と、前向きで、合理的な面も持ち合わせている「かえるくん」。彼自身の言葉を借りれば、このふたり（?）は、ローベルの内にあるふたつの側面を描いたものだという。相反する性格をもちながら、ほどよい距離を保ち、絶妙のバランスでふたつのキャラクターが物語の中で溶け合っているのも納得だ。

がまくんとかえるくんは、いつも相手のことを思いやる大の仲良し。お互いの家を行き来しながら、楽しいことや喜びはもちろん、退屈な時間さえ共有している。一読すると、ナンセンスのように思える内容だが、その実、生きていくうえで最も大切なものを、さらりと伝えてくれる。幼い読者を意識しつつも、時に虚栄心や悲しみなども交え、決して甘いだけの話に終始していないところが、時代を超えて愛されてきた所以だろう。

いつも君が側にいてくれるから

病気で休んでいるかえるくんに、何かお話をしてよと頼まれたがまくんが、逆立ちをしたり、コップの水を何杯も頭からかけたりして、必死にお話を思いつこうと頭を悩ます「おはなし」や、散歩中になくしてしまった上着のボタンを森や川へと探しにいく「なくしたボタン」など、いつでもふたりの心はぴったりと寄り添っている。だが、どんなに仲が良くても、腹を立てることだってある。「すいえい」では、

かえるくんからの手紙は，四日経って，がまくんへと届けられた（「おてがみ」より）
©Arnold Lobel

川辺に次々と集まってくるカメや野ネズミたちに水着姿を見られるのが恥ずかしくて、なかなか川から上がれないがまくんが、自分の不恰好な姿を思わず笑ってしまったかえるくんに、ぷいと腹を立てて一人で家へと帰ってしまう。お互いを助け合い喜ばせるだけではなく、時にはへまもする自然体なふたりだからこそ一層愛おしく、また些細なことでは揺るがない真の絆が伝わってくる。

どのエピソードにも決してドラマチックな展開は見られないのだが、読んだ時に、胸に広がってくるこの心地よさはなんだろう。子ども時代の毎日は、決して特別な出来事の連続ではない。同じような時間が流れ、他愛ないやりとりの中で、友情を確かめ合ったりするものだ。そして、友だちの存在が、その平凡な時間と空間を大きく変えてくれる。ただ一緒にいてくれる友と過ごす心地よさ、誰かが側にいてくれる安心感。スタンド・バイ・ミーの懐かしい世界がそこにある。図書館で見かけた男の子のように、たとえ物語の展開を知っていても、何度でも読み返したくなるこの作品の魅力は、そこに流れる時間が心許せる友と過ごすひと時と似ているからだろうか。

この作品は一九七一年コールデコット名誉図書選定および全米図書賞を受賞。「がまくんとかえるくん」はシリーズとして四作品発表されたが、『ふたりはいっしょ』では、ニューベリー賞を受賞しており、幅広い人気と同様、高い評価を受けている。

笑いとユーモアを通して

アーノルド・ローベルは一〇〇冊にも及ぶ本を書き、イラストを付けるなど、二〇世紀アメリカを代表する児童書作家の一人。『ふたりはともだち』以外でも、ほのぼのとした中に、どこか彼自身の人生観さえ垣間見られるようなものがある。でっぷりとしたお腹をガウンで包み、小脇に分厚い本を抱えたインテリ風の姿が何ともユーモラスなふくろうを描く『ふくろうくん』。その中の一話に、「こんもり　おやま」というのがある。夜、寝ようとベッドに入った「ふくろう」は、毛布の下に自分のひざ小僧でできた、こんもりおやまに気づき大慌て。眠っているうちに、どんどん大きくなってきたら大変とばかりに、追い出そうと必死になるのだが……。その奮闘ぶりに思わず笑ってしまうが、ふと思う。これって、まさに私たちの姿じゃないか、と。本当は、自分の中にある原因に気づかずに、難しい顔をして一喜一憂する私たち大人の肩の力をふっと抜いてくれる一冊だ。ローベルの作品は、そういった人間の滑稽さや弱さを、鋭く斬るのではなく、優しく、ユーモラスに描きだす。「本当に大切なもの。それは急いでいるときには見えないよ」、と語りかけるように。

何度目かに、ようやく出会う本がある。幾度となく目の前を通り過ぎ、ページがめくられることはあっても、胸にひっかかることなく手元から離れていく。けれど、いつしか戻ってきて、ふたたび巡りあい、生涯忘れられない大切な一冊となることもある。子どもたちは、この本に出会ったときに本能的に、その面白さを感じ取り、大人になった私たちは、急いでページをめくっていた手を止め、ゆったりとこの世界に身をゆだねることで、シンプルな物語が放つメッセージを受け取ることになるだろう。

ローベルは自身を評して、作家やアーティストというより「空想家」だと語った。絵本『アンナの赤いオーバー』の絵でも知られる才能豊かなイラストレーターの妻アニタとともに、生涯、子どもの本に携わることを何よりも愛した、彼らしい一言だと思う。

『豚の死なない日』

ロバート・ニュートン・ペック作／金原瑞人訳

本当に豊かな生活とは

白井澄子

白水社，1996年（原書，1972年）

生きるということ

現代人は、本当の意味で「生きる」ということを忘れてしまったのではないだろうかとさえ思わせる作品。物語はバーモント州の農村を舞台に、主人公の少年ロバート（ぼく）と豚の屠殺人としてもくもくと働く無骨な父の生きざまを映し出す。冒頭、ロバートは牛の出産に一人で立ち向かう珍事に見舞われて大怪我を負うが、牛の持ち主からお礼に雌の子豚をもらうと、早くも子どもの誕生を夢見るおめでたい少年として登場する。息子を暖かく見守る両親の生活は貧しい。屠殺業は3Kの職業として嫌われているが、文盲の父は職業をえり好みすることなどできないのだ。だが、彼がシェイカー教徒（キリスト教の一派で禁欲的な生活を実践）の教えを守り、息子に伝える姿勢にはまったく迷いがない。

一二歳のロバートは相棒の子豚と無邪気に遊ぶのどかな日々を送るかと思えば、子どもには理解できないような大人の世界を垣間見ることもあり、知らず知らずのうちに人の情と人生の機微に触れていく。しかし、やがて大きな試練に立ち向かうことになる。生きることを正面からとらえた濃い話だ。

父親を通して知る豊かな人生

ロバートの父親は不平ひとつ言わずに仕事に出かけ、血と死の匂いの染みついた体で帰宅する。質実剛健なシェイカー教徒である父親は、生活に無駄なものは「フリル」といって嫌い、若いロバートと時には衝突もするが、何事も「『シェイカーの書』に書いてある」という父親の一言ですべてが一件落着する。こんな父親だが決して道理のわからない頑固者ではない。牛の出産を助けたお礼にもらった子豚にピンキーと名前をつけて有頂天になる息子に、「そこいらの雑草にまで名前をつけられてはたまらん」などと厳しいことを言いながらも、ちゃんと豚小屋の準備をしてやるやさしさがある。

それでも、ロバートには貧しい生活と父の考えが理解できないことがしばしばである。

「父さん、ぼくたちは豊かじゃないよ。ぼくたちは……」

「豊かじゃないか。互いに守るべき人がいて、耕すべき土地がある。それにこの土地はいつかわしらのものになる。ソロモン〔馬〕がいて、鎖をまきあげ、わしらには重過ぎる荷を負ってくれている。……それにデイジー〔牝牛〕がいるから、温かいミルクが飲める。雨が降れば、体を洗ってさっぱりすることもできる。日が沈むのをみれば目頭が熱くなり、胸は高鳴る。風の音に耳を傾ければ音楽だってきこえるじゃないか。心はうきうきして、ステップを踏みたくなる。まるでヴァイオリンでもきいているようだ」

「そりゃ、そうかもしれないけど、ぼくには、ここには土と仕事しかないように思えてしかたがないんだ」

父の姿勢はあきらめや開き直りではない。本当の豊かさは物質的な満足ではないことを率直に伝える姿は美しい。息子にはなかなか理解しがたいようだが。

時に、ロバートは「大人の世界」に直面する。ある晩、ロバートは父親に連れられて墓暴きに立ち会うが、不倫の果てに生まれた子どもの遺体を、墓暴きをしてでも身近におきたいという隣人のために、ロバートの父親は一肌脱いだのである。
父親はロバートに安易な愛情表現はしないし、余計なことは一言も言わない。しかし、ロバートの体には父の懐の深さ、人の情、そして本当の豊かさの意味が刻み込まれていくのである。

生と死

ロバートは大きな冒険をするわけでもなく、村からでたこともないような素朴な少年だが、日常生活の中で人生最大の出来事である誕生と死をさまざまな形で経験する。牛の出産では、牛の下敷きになって「お産まみれ」になりながらも、命からがら子牛をとりあげたロバート。あまりにも強烈な誕生シーンに、感動を覚える暇などなかったが、最愛の子豚ピンキーの愛おしさ、そして野生動物の熾烈な生存競争を毎日のように目にするロバートは、彼らが日々繰り返す生と死の営みを見つめていくのである。
しかし、愛する者の死を受け入れることは容易ではない。きょうだいのように遊んだ豚のピンキーが不妊豚とわかったとき、父はロバートに手伝わせて屠殺する。一家には、役に立たない家畜を飼っておく余裕などないのだ。ピンキーを始末した後、「とうさん、胸がつぶれそうだよ」と泣きじゃくる息子に、父は涙ながらに答える。

「これが大人になるということだ。これが、やらなければならないことをやるということだ。」
父さんの大きな手がぼくの顔にふれた。この手はピンキーを殺した手ではない。母さんとおなじくらいやさしい手だ。がさがさで、冷たい手。目を開けると、そのこぶしから血がたれている。

傷ついた荒れた手にこもる限りないやさしさに、ロバートは父の真意をさとり、父を許す。ペックは細かい心理描写はしないが、短い言葉のやりとりが多くを語っている。追い討ちをかけるように、父が病のために息を引き取り、ロバートはもはやうぶな少年ではいられなくなる。彼が体験した愛する者の死は、いわば彼の通過儀礼であり、生と死を通して曇りのない、やさしく、鋭い目をもつ父を本当に知ることになったのだといえる。

半自伝的な作品として

批評家の中には、この作品には残酷な場面が多いとして非難する者もあるが、生と死はこの作品の命であり、目をそむけることなく死を描いたところに、感傷に流されない情味がある。だが、ペックは決してペシミストではなく人生肯定派である。作品全体に、父と息子、母と息子、そして村の隣人の愛があふれているのが何よりの証拠である。

この半自伝的な作品は父親に献じられている。ペックは、バーモント州の貧しい農家に七人きょうだいの末っ子として生まれた。父親は熱心なシェイカー教徒で、豚の屠殺人であった。ペックが子どものころ、家にある書物は一冊の聖書だけだったという。そんなペックを文学の道に導いたのは、小学校の教師ミス・ケリーだった。ペックの幼なじみスープとミス・ケリーは、もうひとつの人気作品『スープ』(一九九七)に登場し、さまざまな珍事件や傑作なエピソードとともにペックの悪童少年時代の自伝的な物語を彩っている。ペックは親戚中で初めて高等教育を受け、大学卒業後は、農場経営、豚の屠殺、木こり、広告会社社長など、さまざまな職業を経て作家になった。このような彼を支えたのは、父親の深い愛と、人生をあきらめることなく前向きに生きる姿だったのだろう。ロバート少年のその後を描いた『続・豚の死なない日』(一九九四)では、さらなる困難と絶望に見舞われるが、彼は決して弱音をはかず、人生を享受する中に豊かさを見出す生き方は、まさに父親のそれである。重たい内容にもかかわらず、すがすがしく満ち足りた読後感を味わわせてくれる作品である。

コラム③

自然からのメッセージ

植林活動等の功績で二〇〇四年度ノーベル平和賞を受賞したケニヤのワンガリ・マータイさんは、愛知万博のゲストとして訪日したとき、「もったいない」という言葉を耳にしてとても感動したという。破壊するにはもったいない大切な自然、この地球。実はこのような考えは、児童文学が繰り返し表現してきたことではないだろうか。児童文学は、子どもと自然の関係を描くのを得意としてきたし、物語においても自然が果たす役割もきわめて大きい。もちろん、ソローの『森の生活』（一八五四）以降のネイチャーライティングもその一翼を担ってきた。

動物物語を始めとして、自然と触れ合う子どもを描く物語や絵本は沢山ある。一九世紀にはウィーダの『フランダースの犬』、キップリングの『ジャングル・ブック』、トウェインの『トム・ソーヤーの冒険』、ボームの『オズの魔法使い』など。二〇世紀に入るとその数は飛躍的に増え、グレーアムの『たのしい川べ』、ミルンの『クマのプーさん』、バーネットの『秘密の花園』、ワイルダーの〈大きな森〉シリーズ、ホワイトの『シャーロットのおくりもの』、オデルの『青いイルカの島』などがすぐ思いつく。絵本の代表格として、〈ピーターラビット〉シリーズからバートンの『ちいさいおうち』、マックロスキーの『かもさんおとおり』、エッツの『もりのなか』など、こんなにと思うほどの多さだ。その理由の一つは、西欧には自然と田園生活を讃美するパストラルの伝統があるためだが、それだけでは説明がつかない。どうやら現代に近づくにつれ、自然を見つめる姿勢が強まったのではないだろうか。

たとえば、『オズの魔法使い』。旅の仲間である人間のドロシーと子犬のトトとライオン、植物のかかし、鉱物の木こりとの関係は、それぞれ異質な存在なのにきわめて良好である。『シャーロットのおくりもの』の少女ファーンは、公平というアメリカ的価値観と動物の権利を掲げて、未熟児だから豚を殺そうとする父を糾弾する。『ちいさいおうち』の子どものように好奇心の強い家は、環境破壊のプロセスを目撃している。エッツの絵本『わたしとあそんで』は、じっと待てば動物との距離が消える様子を描きつつ、幼い少女が待つことの大切さ、動物の想いに想像力を働かせることの必要性を学ぶ過程を表現している。待つことにより少女が手にしたものは何か。それは、動物の心といういわば異文化の扉を開く鍵だったのでは。女の子の近くに動物たちが集まり始めると、絵の手前には壊れかかった柵が描き込まれる。この少女は、知らずして自然界との垣根を破壊していったようだ。

「私は動物たちを殺してはいけないと感じたのです。鳥や獣たちがいなければ、この地上は不幸な場所になってしまうでしょう」と、『青いイルカの島』の少女は語る。物欲が平和な島を荒廃させ、島に取り残された主人公のカラーナは弟が野犬に殺された後、野犬の脅威から身を守るため、女性が武器を作ることを禁じる島の掟を破り、弟を殺した野犬のリーダーを唯一の友とし、異人種の少女とも心を通わせる。どう考えても彼女の行為は、旧来の父権的社会の規範とタブーを破壊し、性差と人種の壁をも取り払い、憎むべき敵との間に友情さえ形成するばかりか、自然と人間との回路を開くことにほかならない。やがて少女は、自分の生活を豊かにしたいという欲望だけでラッコなどの生き物を殺さないと決意するようになるが、その気持ちの変化は「もったいない」という考えを実践することに通じるような気がする。これは画期的、途方もなくすごい設定である。

シカゴのミシガン湖畔にある動物園の出口には縦長の姿身の鏡が掛かっていて、その上に「今あなたが見ているのは、地上でもっとも凶暴な動物です」と書かれた紙が張ってあったのを記憶している。飛躍も誇張も承知でいえば、児童文学とは、その「地上でもっとも凶暴な動物」から自然界と子どもたちに送られる愛のメッセージ、という気がする。レイチェル・カーソンのいうセンス・オブ・ワンダーに恵まれた子どもたちなら、物語からの驚きという贈り物をなんなく吸収することだろう。（髙田賢一）

Ⅳ　大切なものをさがしに行こう

『フランダースの犬』

ウィーダ作／村岡花子訳

小野俊太郎　ルーベンスの絵に恋して

犬と少年の友情

この『フランダースの犬』は本国よりも日本で有名かもしれない。昔から読まれてきたし、アニメ化された最後の場面が感動を呼んだ。実際手にとると長い小説ではないが読み終えた印象は深い。題名のフランダースとは、フランドル地方、つまり現在ベルギーなどを指し、そのアントワープの町が舞台である。ここは多くの画家を生んだ場所で、その代表がルーベンスというわけだ。

それにしても、日本でこれほどの人気を保ってきたのは驚くべきことである。舞台となったアントワープはもちろんのこと、小説が発表されたイギリスでもこの物語の人気が高いわけではない。ただし、例外がアメリカ合衆国で、ハリウッドで何度も映画化された。だが、その際にも結末はハッピーエンディングへと書き直されてきた。どうやら原作のままでは主人公が負け犬に見えるという意見のようだ。

主人公は、祖父が貧しい牛乳配達をしているネロと、その友だちのパトラシエというフランドル犬のコンビである。両者が強い絆で結ばれていると冒頭で述べられる。

新潮社，1954年（原書，1872年）

ネロとパトラシエはこの世に取残されたよるべない身の上だった。

ふたりは兄弟よりもこまやかな友情に結ばれていた。ネロはアルデンヌ生まれの子供であり、パトラシエはフランダース生まれの大きな犬であった。年月を重ねたことからいえば同年であったが、しかし一方がまだ幼いのに、片一方はすでにとしよりであった。

この幼い少年と老犬のコンビが、この小説の巧みな設定となっている。パトラシエは大人としてネロの行動を見守るのだ。アントワープ近郊に住んでいるふたりは、ネロの祖父の家に住んでいるが、病に倒れた祖父の代わりに、パトラシエに荷車を引かせて牛乳配達を行なう。だが、しだいに牛乳配達の仕事も近代化されていき、周囲から取り残されていく。ルーベンスが暮らした一七世紀とは、生活の質も価値も変わってしまった町が舞台になっている。

ルーベンスに恋する

そんな中、ネロはフランドルの郷土のほこりである天才画家ルーベンスにあこがれて画家をめざし、観たものすべてを絵に描く才能の持ち主である。粉屋のコゼツ親方の娘アロアと友だちで、その顔を描いたりしていたが、親方からは「絵などばかげている」と笑われてしまう。そして貧しさゆえにアロアとのなかを引き裂かれる。面会を禁じられているアロアに、雪の中で見つけた人形をこっそりと届けるが、その後起きた粉屋の工場でおきた火事の原因ではないかとあらぬ疑いをかけられる。皆に追い込まれる中、祖父の後ろ盾も失ってしまう。

それにしても、この小説で描かれる風景や人物は色彩豊かで、作者ウィーダは、言葉によって絵を描こうとしている感じだ。フランドルの風景が、しだいに冬になっていく中で、ネロは何とか絵を描いてコンクールに応募し、芸術家として認められようと、パトラシエと生き抜いていく。

ここには芸術家を主人公にした小説の基本である才能の孤独と周囲の無理解そしてかなわぬ恋が描かれている。

アロアに人形をあげるネロ（原書挿絵より）

ネロの才能を評価する者はすくなく、美術のコンクールに応募するが、一等はとれずじまいだった。ネロはそれに絶望する。しかも、アントワープがほこりとするルーベンスの絵はお金を払わないと観ることができない。貧しき者に公開されるのは特別な日だけである。ネロは、ルーベンスにあこがれても実物を見ることなく画家をめざし、世に知られぬまま終わった人の代表なのだ。

ルーベンスの絵は、高い芸術性のシンボルであり、それをめざす多くの芸術家にとって至高の存在である。結果としてネロがルーベンスの高みに至らなくても、そこをめざしたということが、読者の共感を呼ぶのである。ネロを通じて描かれる、世間に知られずに若くして亡くなった天才という姿が、とてもロマンチックなイメージを私たちにもたらすのである。これがこの作品の人気の秘密であろう。

クリスマスの物語

『フランダースの犬』のクライマックスは、クリスマスイブのアントワープに実在する教会ノートルダム大聖堂への訪問である。現在、アントワープを訪れる日本人観光客がかならずここを訪れるのは、この作品のおかげだが、そこには実在するふたつのルーベンスの絵、「キリストの昇架」と「キリストの降架」がある。ふだんは左右から折りたたまれて見えない三連祭壇画である。

ネロは、その絵がクリスマスには公開されると聞き、すべての望みを失って死をまぢかに感じ、パトラシエを連れて見にいく。そこで、画家として尊敬するルーベンスの絵自体ではなく、描かれたキリストそのものを見ることになる。絵を見た後での「おお、神様、もうじゅうぶんでございます！」というネロのせりふは心に強く残るだろう。

クライマックスがキリスト生誕を祝うクリスマスに設定されているのは、もちろん偶然ではないし、ほかならぬネロという名が、じつはニコラスの略称であるのも、物語の意味を考える手がかりになる。殉教した聖ニコラス、つまりサンタクロースの名を与えられた主人公が、この世の最後にルーベンスが描いたキリストの姿を見るのだ。子ども向けの宗教的な物語として構想されながら、教訓的ではないのは、じつはこの殉教的なイメージと偉大な美術とがうまく重なっているせいだ。天上的なイメージを彩るのが、ほかならぬネロが切望するルーベンスの絵となる。そして「永久に！（forever）」という言葉で全編が終わる。芸術と魂の不滅性を示すこの言葉こそ、作者が伝えたかった思いに違いない。

わざわざルーベンスの絵に注目したことでもわかるように、ネロの住む場所などを色彩感ゆたかに描写するというのが作者ウィーダの持ち味で、いまも「フランダースの犬」を印象深いものにしている。この作品がずっと記憶に残るのは、絵画に触発された彼女の文章がもつ味わいにも大きな理由がある。映画やアニメになりやすいのも、そうした点があるのかもしれない。

ウィーダについて

作者のウィーダというのは、ペンネームで、本名はマリー・ルイズ・ド・ラ・ラメーといい、一八三九年に生まれた。アルジェリアを舞台にした活劇小説『二つの旗のもとで』（一八六七）が代表作だが、『フランダースの犬』ばかりではなく、子ども向けの話もたくさん書いている。イギリス以外を舞台にした小説が多い。一九〇八年に貧困のうちにイタリアで亡くなるという劇的な生涯を送った。

『お姫さまとゴブリンの物語』

ジョージ・マクドナルド作／脇明子訳

青木由紀子

「信じること」の物語

岩波書店，2003年（原書，1872年）

不思議なおばあさま

何といってもこの作品で印象深いのは、主人公アイリーン姫を導き、助けてくれる不思議な老婦人である。アイリーンは、雨続きで退屈しきっていたある午後、城の塔に上っていき、屋根裏の小部屋で独り糸を紡いでいるこの老婦人に出会う。アイリーンのひいひいおばあさんだと名乗るこの人は、老婦人といっても、すばらしく美しく、しわひとつない滑らかな肌をしており、すらりと背が高くて、身のこなしも軽やかである。それにもかかわらず、アイリーンが相手を「たいへんな年寄り」だと思ったのは、その目に深い知恵がうかがわれたからだった。

アイリーンはこの老婦人をおばあさまと呼ぶようになるが、確かにこのおばあさまは普通の人間にはとても理解できないような深い知恵の持ち主である。何しろおばあさまは、年をとることは「腰がまがって、しわだらけになって、すっかり弱って、杖にすがって、めがねをかけて、リューマチにかかって、もの忘ればっかりするようになる」こととは無関係で「ちゃんと年を取れば、強くなって、きれいになって、陽気になって、勇敢になって、目がよくきくようになるし、手足も丈夫になって、痛んだりはしないもの」だというのだから。

アイリーン姫の試練

塔の上の小部屋から帰ったアイリーン姫は、乳母におばあさまの話をするが、作り話だと決めつけられてしまう。そこで次の日にもう一度おばあさまを訪ねようとしたところ、前の日には確かにあった階段がどうしても見つからず、自分は夢を見ていたのかもしれない、と思うようになる。けれども、ある日ブローチの針で手を刺し、その熱で寝つかれなかったアイリーンは、ふともう一度おばあさまに会いたいと思い、真夜中に塔の小部屋に上がっていく。おばあさまに再会したアイリーンは、自分がおばあさまの存在を疑ったことを悔い、おばあさまから一週間後にもう一度この部屋を訪れるという試練を課される。その時おばあさまはこんなふうに言うのである。「問題はただひとつ、私がいるってことを、あなたが信じるかどうか――夢なんかじゃないってことを、信じるかどうかなのよ」。アイリーンは約束の日、ゴブリンの家畜である獣におどかされて山の上に駆けていってしまうが、間違ったことをしたと気づいて、おばあさまのところに戻っていく。この試練に無事耐えた後、アイリーンのおばあさまを信じる気持ちは揺らぐことはない。

信じることの物語

おばあさまは一貫してアイリーンに、目に見えないもの、理解できないことを信じることを教えている。見えるものを信じることは、本当の意味で信じることにはならない。そして相手を信じることは相手に従うことである。アイリーンは何も知らずに、ただおばあさまの言いつけ通り、もらった不思議な糸をたどっていくことによって、ゴブリンたちにつかまった少年カーディを助ける。ゴブリンたちは城の地下まで穴を掘り、城をおそってアイリーンをさらい、ゴブリン王子の花嫁にしようとしていたのである。カーディはゴブリンたちの悪巧みを詳しく知ろうと地底の宮殿に忍び込み、とらえられてしまったのだ。

次に信じることを学ばなければならないのはカーディである。カーディも最初のうちは目に見えないものを信じることができない。アイリーンが自分を助けてくれたことは信じないわけにいかないが、アイリーンに連れられて

おばあさま

おばあさまの部屋を訪ねたカーディに見えたのは「がらんとした大きな屋根裏部屋」にある「桶がひとつと、かびくさい藁の山と、しなびたリンゴがひとつ」だけだった。それでもカーディは、母親に諭され、アイリーンの言葉を信じなかったことを反省し、アイリーンを信じはじめる。そして夢の中でおばあさまに傷を癒してもらい、続編『カーディとお姫さまの物語』ではついにおばあさまの姿を見ることができるようになるのである。信じることを学んだカーディは、城がゴブリンに襲われた時に大活躍し、アイリーンの父王に深く感謝されることになる。

アイリーンは、初めは乳母に、次いでカーディに、おばあさまの存在を信じてもらえないことでつらい思いをする。およそ嘘をつくことを知らない正直な少女が、超自然的な事柄を体験し、それを信じてもらえないために感じる無力感とやりきれなさは、マクドナルドに影響を受けたC・S・ルイスの『ライオンと魔女』の主人公の一人ルーシィのそれと共通する。

『お姫さまとゴブリン』と進化論論争

『お姫さまとゴブリン』が書かれたヴィクトリア朝の中ごろは、ちょうどダーウィンが進化論を発表し、この問題をめぐる論争が世間を騒がせた時代だった。人類の起原という、それこそ目で見ることのできない事柄について、人間を含むあらゆる動物が今ある姿のまま神に創造されたという、聖書の創造説を信じるのか、それとも、化石や現存の生物の中に見られる進化の痕跡を根拠に、ダーウィンの自然選択説を認めるのかが議論になったのである。『お姫さまとゴブリン』の中で、マクドナルドは確かに信じることの大切さを説いているが、ただやみくもに聖書の文言を信じさえすればいいと考えていたわけではなかった。たとえば、マクドナルドはゴブリンについて、もともと人間だったゴブリンたちの姿形が変わってしまったのは「暗くて冷たい湿った場所で、お日さまの光を浴びることなしに、親から子へ、子から孫へと、世代を重ねてきた」からだと説明しており、ここには明らかに進化論の影響が見られる。

進化論論争において、神学者が全員創造説を奉じていたわけではない。神がすべての動物をよりすぐれた、より知的、道徳的な存在に進化させようとしておられるという神学的進化論を説く人も少なからずいたのであり、マクドナルドがこちらの考え方をしていたことは、続編の『カーディとお姫さまの物語』にはっきりと表れている。

マクドナルドについて

マクドナルドは一八二四年スコットランドのハントリーで生まれた。神学大学を出て、イングランド南部の会衆派協会の牧師になるが、会衆幹部と神学上の意見が合わず、牧師をやめて作家となる。病身で、生涯を通し貧乏に苦しむが、ラスキンやルイス・キャロルと交流を持ち、キャロルの『不思議の国のアリス』の草稿を読んで、出版を促したのはマクドナルド家の子どもたちである。ファンタジー作家の先駆けとしてJ・R・R・トールキン、C・S・ルイスのふたりに影響を与えた。他に『ファンタステス』（一八五八）、『黄金の鍵』（一八六七）、『北風のうしろの国』（一八七一）、『リリス』（一八九五）などの作品がある。

『ホビットの冒険』

J・R・R・トールキン作／瀬田貞二訳

井辻朱美

RPGゲームの出発点

岩波書店，2002年（原書，1937年）

オックスフォード大学のトールキン教授は、学生の答案の採点をしていた。そこにまじっていた白紙答案を見た時、彼はなにげなくその裏に「地面の下にひとりのホビットが住んでいました」と書きつける。

名前が物語を生む

「名前がいつでも私の心の中に物語を生む。やがて私は、ホビットとはどんなものか考え出すにしくはないと考えた。しかしそれはほんの始まりにすぎなかった」

これが『ホビットの冒険』の発端だった。いかにも言語学者らしいエピソードではないだろうか。ホビットのビルボの物語は、やがて壮大な架空の神話歴史世界を舞台にした冒険物語となって、毎晩トールキン家の子どもたちの胸を高鳴らせることになる。それを紙にとどめたものが本書だ。

神話世界の設定マニア

トールキンは一〇代の終わりごろから、ケルトやウェールズ、北欧の神話世界にひきつけられ、自分なりの創世神話や古代の物語を作りあげていた。それらは一部が『シルマリルの物語』として死後すぐに刊行され、現在も徐々にその膨大な姿を現わしつつあるが、『ホビットの冒険』を語りだしたころのトールキンは、それを自分の設定した世界観に結びつけようとは思っていなかった。だが、いつのまにかビルボはその世界にこっそり足を踏み入れ、その辺縁をさまよい歩くようになる。ビルボが遭遇するエルフ族や熊人ビヨルン、また魔法使いガンダルフやドワーフたちはそれぞれ膨大な歴史や宿命のデータを背負った存在だったのだ。そのことは本文中には語られないながらも、物語にただならぬ厚みと深さを与えていた。このデータは地図、年表、家系図、縁起などから成るものである。

凝り性のトールキンは、出版が決まると、すぐに自作の地図を編集者に送りつけた。月光に透かすと文字が浮かびあがるルーン文字にいたるまで印刷の工夫を凝らすつもりだったが、出版社がわにこんこんと経済的事情をさとされ、現行の形になった。地図がなくては一行も書き出せないトールキンは、かなうならば挿絵も自分で入れたいと願う。トールキン装丁挿絵のこの一冊は、岩波書店から特別に復刻刊行(二〇〇二)されている。

RPGゲームへの道

さて主人公ビルボ・バギンズは五〇歳である。人間の一・五倍近い寿命を持つホビット族とはいえ、児童文学では珍しい設定の主人公だ。しかも、子どもそのものがほとんど出てこない。ただしホビット族は食べることが大好きで、易きにつくのを旨とするこびとであるので、その点では一種の子どもであるとも言えるだろう。

この楽天家のビルボはある朝のこと、魔法使いガンダルフと一三人のドワーフの訪問を受け、突然、はなれ山の竜退治と宝物の奪還をめざす冒険部隊にスカウトされてしまう。このドワーフたちの名前を筆者は何度読んでも覚えられない。しかしトールキンにとっては、彼らは画然たる個性と出自を持つ由緒正しいドワーフたちなのである。かしらであるトーリンだけは、えらい王さまなのであろう、と察しがつくが、後はあまり読者にとって意味があるとは思えない。物語自体よりもその背後に広がる設定のデータのほうが大きいのである。しかもこの一行は、軟弱

さけ谷

なホビット族のビルボ、プライドが高く頑強なドワーフ族（一三人も！）、太古の精霊たるマイアール族であるガンダルフから成る、みごとにめちゃくちゃな混成部隊で、これで大望が果たせるのだろうかと危ぶまれる。

まずこの辺りが後世のＲＰＧゲームの「盗賊、魔法使い、僧侶、妖精などから成る混成部隊」へとつながっていく。プレイヤーそれぞれが来歴をしっかり持ち、それが一堂に会してたまたまひとつの冒険をともにする、という趣きである。

それから、ビルボは道中、名剣「つらぬき丸」はじめ、いろいろなアイテムを獲得してゆく。姿隠しの指輪ももちろんそのひとつだ。また何度も洞窟や地下の迷路をさまよう点も、ゲームの定石と言えるだろう。謎かけに勝って何かを獲得する、という昔話以来の趣向も、この緊密な小説の中では新たな妙味を得てよみがえり、ゲームに受けつがれている。何よりこれはビルボが、機転がきくという自分の強みを生かしながら、武勇すぐれたドワーフたちにも一目おかれるような「しのびの者」兼詩人になりおおせる、という成長物語であった。あらたな敵や事件に遭遇するステージごとに、ポイントが上がってゆくのである。

小説となった神話

この物語の一番の魅力は何といっても、神話や伝説の縹渺たる味わいを遠景に残しつつ、近景はきわめて具体的小説的描写に徹したことだろう。

大地は青々として、ホビットが気持ちよく足のうらでふみしめていける青草がしげっていました。ビルボは、赤い絹のハンケチで顔をふきました。いや、自分のハンケチは一枚もぶじに残らなかったので、エルロンドからこの赤い一枚をかりてきたのです。いまは六月、初夏にかかっていましたし、天気がまぶしいほどよくて顔の汗をふくほど暑くなっていました。

手触りの確かなこの日常性によって、トールキンは英雄物語をもう一度、現代文学の世界に引き寄せることに成功したと言えるのではないだろうか。

冒険者たちは旅路のはてにはなれ山にたどりつき、うぬぼれの強いドラゴンのスマウグを、ビルボがうまいことたぶらかして弱点をさぐりだし、ふもとの町の人間たちの手で退治させることに成功する。ここに漁夫の利をねらうゴブリン軍が乱入する顚末もあって、もうこの辺りは『三国志』的な戦国絵巻だ。ビルボは人間たちと、気位高いトーリンの間を取りもつ働きも見せ、いっぱしの軍師となる。その中でトーリンはじめ幾人かが戦死し、物語はめでたいだけではなく悲壮で雄渾な余韻を残す。

ホビット庄に帰還したビルボは平和な生活に戻って、子どもの文学の黄金ルール「行きて帰りし物語」のパターンに納まるが、それだけで話は終わらず、より重厚長大なファンタジー小説『指輪物語』（一九五四—五五）につながってゆくのは必然の成りゆきであった。

トールキン（一八九二—一九七三）は、現在のファンタジー小説の基礎を築いた作家として、それ以降のこのジャンルの流れを変える。彼の唱えた「準創造による第二世界」は、お話を語るよりも、世界を作りだし、そこに生起するエピソードを追ってゆくという創作の形を示し、『スターウォーズ』のG・ルーカス監督らにも大きな影響を与えた。

『人形の家』

ルーマー・ゴッデン作／瀬田貞二訳

笹田裕子

人形の〈生きた〉証《あかし》

岩波書店，2000年（原書，1947年）

細やかに描かれる〈小さな〉世界

これは、〈小さな〉人形たちの物語。どんなに小さいかは、読みはじめればすぐにわかる。主役のトチーとその家族プランタガネット一家について、詳しく紹介してくれるからだ。トチーは「ちっぽけな」人形だ。トチーという名がそもそも「ちこちゃん」という意味だし、昔よく売られていたオランダ人形の中でもいちばん小さい。たとえ「一文人形」というものを見たことがなくても、何となく、ものすごく小さいらしいと想像がつく。さらに、トチーより少し大きいという両親も、かなり小さい。父親のプランタガネットさんは「小さな男の子の人形」だし、母親のことりさんは、クリスマスのクラッカーに付いていたおまけの人形だ。弟のりんごちゃんは、子どもの親指くらいの大きさしかない。ペットの犬のかがりは、背骨が「かがり針」だというから、やはり小さい。この人形一家は、本当に小さいのである。

人形たちの描き方は、素材や身の上からその衣装や持ち物にいたるまで、とにかく細かくて詳しい。まるで、この物語の中に出てくる一九世紀の「ししゅう型」のステッチのような細やかさである。たとえば衣装なら、使われている布地から色や模様やひだ飾りの形まで丁寧に説明してくれる。人形の家の家具や内装についても、細かいところまで書かれている。幼いころの人形遊びを思い出して、たまらなく懐かしくなってしまう。でも、物語の中でも言っているように、この〈小さな〉人形たちの世界は、決して見かけどおり小さくはない。

しあわせな擬似家族の〈願い〉

プランタガネット一家は、もともと家族として作られた人形たちではない。作られている材料からしてバラバラだ。それぞれの人形の性格は、素材によって描き分けられている。どんなことにもくじけないトチーは、丈夫な質のよい木でできている。傷つきやすい心をもつプランタガネットさんは、瀬戸物。身も心も軽い小鳥のようなことりさんは、セルロイド製。まるまると太ったかわいらしいりんごちゃんは、「手ざわりの暖かいフラシ天」の布人形。用心深いかがりの頭には、針の先が突き出ている。

この一家は、ふたりの少女エミリーとシャーロットが、持っている人形たちを組み合わせた擬似家族である。人形たちは、ままごと遊びのようにはじまった家族関係を楽しむうちに、それぞれの役になりきっていく。プランタガネットさんは暗い過去のせいで気弱だが、一家の主人として少しずつ自信を取り戻す。ことりさんの頭はからっぽだけれど、りんごちゃんのこととなると急にりりしい母親になる。りんごちゃんは、いかにも小さな男の子らしくわんぱくで、まったく目がはなせない。危険がわかるかがりは、「ちくん、ちくん」と鳴くことで番犬の役目をする。一〇〇年も生きているトチーは、一家の中でいちばん年上だ。しっかり者のトチーは、両親の自慢の娘として家族一人ひとりに気を配る。本物の家族のようにしあわせに暮らす一家は、自分たちだけの家が欲しくなる。

人形たちは、自分では何もできない。願うことで、子どもたちにその〈願い〉をかなえてもらうしかない。さまざまな人形たちが、心を通わせることができるよい子と遊ぶのは、しあわせだと言っている。エミリーとシャーロットは、ほとんどいつも、一家の〈願い〉を感じて動いてくれる。ローラ大おばさんから譲られる人形の家を、ふたりはみがき上げたり直したり、時間をかけてぴかぴかの新品同様にしてくれる。だが、この子どもたちのせいで、

ぱっとあたりがひろめきました。
一すじの，明るい光でした。（瀬田訳）

プランタガネット一家のしあわせな暮らしは、やがておびやかされることになる。人形の家を手に入れ、すべての〈願い〉がかなえられた時、マーチペーンが届けられるからだ。

一〇〇年ごしの戦い

トチーとマーチペーンは、一〇〇年前、同じ人形の家にいたころから敵どうしである。展覧会で再開した時にも、ふたりは火花を散らす。「上等な木」でできたトチーと「子ヤギ皮とせともの」でできたマーチペーンの戦いは、一〇〇年の歳月を生きのびた「値うちもの」どうしの戦いである。といっても、人形であるふたりは、願うことで子どもたちに動いてもらうしかない。マーチペーンは子どもなど大きらいだが、動かす力はある。姉のエミリーは、トチーの〈願い〉を感じることができない。すっかり、マーチペーンの美しさのとりこになってしまっているからだ。行動力のあるエミリーは、どんどん人形たちの運命を変えていく。プランタガネット一家をかばおうとするシャーロットの言葉などまったく無視して、マーチペーンの言いなりである。とうとうプランタガネット夫妻とトチーは、召使として屋根裏や台所へ追いやられ、りんごちゃんは、マーチペーンの子どもにされてしまう。

〈願い〉合戦で、マーチペーンがトチーに勝つことができたのは、重さのせいらしい。本人も得意そうだ。「わたしはあんたたちより重いのよ！」必死で願い続けるトチーと違って、マーチペーンは余裕である。ただ意地悪そうに薄笑いを浮かべて座っているだけだ。マーチペーンは重い陶製だがトチーは木製。どんなに堅くて丈夫でも、重さでは到底かなわない。でも、この重いマーチペーンから一家を救うのは、いちばん軽いことりさんなのである。

ことりさんが残したもの

りんごちゃんは、居間のランプに身を乗り出して、ロウソクの火に焼かれようとしていた。マーチペーンがそこに立つよう仕向けたのである。そこへオルゴールの音色に魅かれ、ことりさんが入ってくる。ことりさんは何のためらいもなく、炎とりんごちゃんの間にふわりと軽く身を投げ出す。セルロイド製のことりさんは、一瞬花火のように美しく光を放ち、あとかたもなく燃えつきてしまう。「りんごちゃんに、命をあげた」ことりさんのおかげで、エミリーは自分が間違っていたことに気づく。

シャーロットは「ことりさんは何も残さなかったわ」と悲しむが、じつは残したものがある。〈命〉をあげたりんごちゃんは二階で安らかに眠っている。かがりも犬小屋で横になっている。プランタガネットさんとトチーは居間で穏やかに語り合っている。大切な人形の家を平和や安らぎとともに、家族に残していったのである。そこにあるのは、まだ色も模様も「あざやか」なことりさんの持ち物。まるで、この人形が確かに〈生きた〉証《あかし》のように。

ゴッデンについて

『人形の家』は、小説家ゴッデンが初めて書いた子どもの本である。人形たちの物語は、ありとあらゆるものに〈命〉を吹き込むアンデルセンの影響で生まれた。「小さなものは何であれ……心惹かれるものだし、生命力を感じさせるもの」と語るゴッデンには、他にも『ねずみ女房』（一九五一）や『四つの人形のお話』（一九八三）など「小さなもの」について書いた作品が多い。『お幸《さち》さんとお花さん』（一九六一）には、日本人形のための家の作り方が挿絵つきで詳しく説明されている。

一九〇七年イギリスに生まれ、九カ月後に渡ったインドで育ったゴッデンは、やがて帰国するが学校生活になじめず苦労する。その体験から、『台所のマリア様』（一九六七）や『ディダコイ』（一九七二）で、異文化間で孤立しながらも、想像力や意志の力で二つの文化の橋渡しをしようとする子どもを描く。インドでイギリス式教授法のバレエ学校を開いたこともあり、『バレエダンサー』（一九八四）や『トウシューズ』（一九九二）といった作品も手がけている。

〈ナルニア国ものがたり〉『ライオンと魔女』

C・S・ルイス作／瀬田貞二訳

幾重もの「復活」の物語

安藤　聡

岩波書店，2000年（原書，1950年）

ファンタジーの復活

〈ナルニア国ものがたり〉シリーズは『ライオンと魔女』にはじまる全七巻の壮大なファンタジーである。ライオンの姿をした創造主アスランによって創られた、言葉を話す動物と神話上の人物や妖精、それに「アダムのむすこ」、「イブのむすめ」すなわち人間が対等に共存するナルニア国（とその周辺）を舞台に、各巻でそれぞれの時代の冒険が語られる。

この作品が書かれた当時、このような種類のファンタジーはジャンルとしては一時的に停滞期にあった。同時代文学に自分が好む種類の作品がなかったことからこれらの作品を書きはじめた、とルイスは述懐している。当時は出版業界もこの種の作品をあまり歓迎していなかったが、『ライオンと魔女』の成功に『床下の小人たち』、『グリーン・ノウの子どもたち』そして『トムは真夜中の庭で』といった名作が続き、一九五〇年代は「第三次ファンタジー黄金時代」と呼ばれるべき時代になった。『ライオンと魔女』に続いて『カスピアン王子のつのぶえ』『朝びらき丸　東の海へ』『銀のいす』『馬と少年』『魔術師のおい』『さいごの戦い』が毎年クリスマスの時期に合わせて一冊ずつ出版された。これらの作品は幼い読者が毎晩一章ずつ読むことを（あるいは親が一章ずつ読んでやることを）勘案して、各章の長さが均等になるよう配慮されている。

『ライオンと魔女』はロンドンから疎開した四人の兄弟姉妹が、親戚の教授宅（古いカントリー・ハウス）の古い衣装箪笥を通ってナルニア国に行き、邪悪な魔女との戦いに勝利してナルニアの王・女王として即位するまでの物語である。魔女はナルニアの女王、支配者を自称し、この国に呪いを掛けて春の訪れを阻止している。だがいにしえの伝説で、ふたりの「アダムのむすこ」とふたりの「イブのむすめ」がナルニアの王座に就いた時、魔女の呪いは無効になると伝えられている。魔女はそれを未然に防ぐため次男エドマンドを誘惑し、他の三人をも連れてくるよう命ずる。一方でピーター、スーザン、ルーシィの三人は、ビーバー夫妻と協力してエドマンドやフォーンのタムナス氏を助け出すべく、魔女とアスランの戦いの場となる「石舞台」をめざす。魔女とアスランの戦いは当初、魔女側が優勢であるかのように見え、アスランはとらえられ殺される。だが翌朝アスランは復活し、アスランに導かれたエドマンドは回心し、アスランと四兄弟姉妹、およびナルニア国民側の勝利にいたる。

多重構造をなす主題

第一義的にはこの作品は善と悪の戦いを中心にした冒険物語である。この意味では、善と悪の間で動揺するエドマンドの葛藤が重要な意味をもつ。この作品は同時に、キリストの受難と復活という宗教的なテーマを扱っている。この意味でも、エドマンドの回心はもうひとつの重要な主題となる。春の訪れの描写は単なる情景描写ではなく、ヨーロッパ文学において春が伝統的に「復活」、「再生」のイメージをともなうことを考え合わせると、この物語はアスランの復活のみならずエドマンドの内面の再生、またナルニアの復活など、さまざまな「復活」と「再生」を描いていると言えよう。

またこの作品は、同時代の文学や文化に対するアンティテーゼという意味をも併せもっている。同時代文学における想像的要素の欠落に失望したルイスがこの作品を書いたということは、この作品自体がルイスの理想とする物

ベルファーストのホーリーウッド・ロード図書館前にあるルイス像

語文学のひとつのあり方を体現しているということになる。最初にルーシィがナルニアに行って戻ってきた際に、ピーターとスーザンは彼女の話を信用せず、彼女が狂ったと思いこんで教授に相談する。この時に教授は、空想的要素と論理性がすぐれて一貫性をもつという事実をふたりに教えている。これはルイスによるファンタジー文学擁護論としても読むことができよう。教授が繰り返す「いまの学校では、何を教えておるのかな」という台詞は、そのまま同時代文化に対する警鐘でもある。この意味でこの作品は、同時代に想像力を「復活」させる試みでもある。

さらにこの作品には、ナルニアという別世界を描くことを通して、結果的に古き良き時代のイングランド（あるいはアイルランド）の風景や生活様式を描いているという側面もある。別世界のはずのナルニアの風景は、槲や山毛欅が点在し、ヘザーやブルーベルが咲き誇るという、典型的なイングランドやアイルランドの田園風景である。ビーバー夫人の足踏みミシンが示しているように、この世界にもある程度の商工業は存在するが、それが田園風景を破壊するにはいたっていない。二〇世紀以降、伝統的な英国の風景や生活様式は急速に失われた。トールキンが描く「シャイアー」（ホビット庄）にもルイスが描くナルニアにも、等しく伝統や風景の喪失に対する危機意識が垣間見られるのである。

現実と非現実

〈ナルニア国ものがたり〉シリーズの魅力のひとつはその独特の雰囲気である。これは現実的なものと現実的でないものが混在することによって醸し出される。たとえば『ライオンと魔女』では雪の森と街灯、あるいは傘を差して小包を抱えたフォーン、といったイメージがそれである。あるいは神話のキャラクターや言葉を話す動物、妖精や人間といった異なった次元の者たちが、イングランド的な風景の中で同時に活躍する、という枠組そのものもこのような現実と非現実の混在の一例である。第二巻『カスピアン王子のつのぶえ』でもこのような異なった次元の者たちが宴を楽しんでいたり、第六巻『魔術師のおい』では反対に現実世界のロンドンの街中で魔女が暴れるという、それぞれ対照に富んだイメージを提示している。

ルイス自身が幼い頃から空想的世界を好み、少年時代には親友アーサー・グリーヴズの影響で日常的な事柄にも関心が向くようになり、その後自分もグリーヴズも等しく「対照のある世界」を好むという事実に気づいた。自伝『不意なる歓び』によればルイスは、初めて見たイングランドの（とくにフリートウッドからロンドンまでの車窓の）変化や対照に乏しい単調な風景に息苦しさを覚えたという。このような意味からも、ナルニアはルイスにとってのひとつの理想的世界であり、そこには伝統的要素のみならず現実的なものと非現実的なものとの対照が常に存在しているのである。

作者について

ルイスは一八九八年に北アイルランドのベルファーストで生まれ、幼くして母親を病気で失った。オックスフォード大学ユニヴァーシティ・コレッジで中世・ルネサンス文学を専攻し、第一次世界大戦参戦を経て、オックスフォード大学モードリン・コレッジの研究員（フェロウ）となる。このころから晩年まで、トールキンらと文学サークル「インクリングズ」を開催する。研究者としての著作に『愛のアレゴリー』『十六世紀英文学（演劇を除く）』『「失楽園」序説』『批評における一つの実験』が、またキリスト教に関するエッセイとして『痛みの問題』『悪魔の手紙』『奇跡論』『四つの愛』などがある。

〈ライラの冒険〉『黄金の羅針盤』

フィリップ・プルマン作／大久保寛訳

田中美保子

少女が世界を拓く

新潮社，1999年（原書，1995年）

想像力を超えるスケール

「ライラと彼女のダイモン（守護精霊）は、調理場から見えないように、うす暗い食堂の一方の窓ぎわを慎重に進んでいった。」物語はこの一文からはじまる。今、ライラたちがいるのは、オックスフォード大学のジョーダン学寮で、時代は数十年前らしい。ただし、ライラにダイモンがいることによって、じつは、現実に似た架空世界であることがわかる。「ジプシャン」「魔女」「よろいをつけたクマ」なども登場する。彼らの助けによって、ライラは、実在のロンドン、フェンズといったイギリス各地から北海を経て、オーロラ輝く極北の地まで、果てなき冒険を続ける。現実の地理的スケールの大きさに加え、空中、オーロラに浮かぶ別世界、精神世界までとりこんだ、とてつもなく大きな世界は、時に私の想像力を超えてしまう。それなのにやめられない。それほどに、ストーリーがおもしろい。

少女ライラ

さまざまな魅力に満ちた物語なのだが、私がとりわけ惹かれるのは、一一歳のライラと、そのダイモン、雄のパンタライモンだ。ライラは、がさつでお転婆、率直で嘘もつく平凡な少女。パンタライモンは、状況とライラの心情に応じて、オコジョから、ヤマネコ、ガ、ハリネズミなどいくつもの生物に姿を変える、ライラの分身かつ腹心の友。はじめ、ライラはみなし子であると説明されるが、やがて、アスリエル卿とコールター夫人との間に生まれた娘であることが明らかになる。ふたりとも、並外れた知力と野望の持ち主で、多くの子どもの生命を脅かす、危険だが悪魔的魅力も備えた人物だ。出生の秘密を知った時にも、ライラは生来のはつらつさを失わない。他にも、彼女の、ものおじしない性格、賢明さ、機転、他者を思いやる優しさが、パンタライモンとの対話や彼の状態から、より生き生きと伝わってくる。

じつは、ライラばかりか、この物語の登場者には皆、名前付きのダイモンがいる。この物語の成功の鍵は、そういうダイモンの「発見」が握ったようだ。

ダイモン

たとえば、ダイモンは、「人間が子どものころは定まらず、さまざまな姿形に刻々と姿を変えるが、おとなになると姿が定まる」と説明される。ダイモンに「成長」のメタファが込められているようだが、私はこれを読んで、「おとな」であるはずの自分のダイモンは、本当に定まっているのか、なんとも不安になった。また、定まっているとしたら、それはどんな姿形をしているのかということも、ひどく気になる。作者プルマンは、あるインタビューに応えて「(ダイモンの姿が自分でよくわからなければ)身近な人に聞いてみるとよい」と言っているのだが、他人に聞くのも何だか怖い。(ちなみにプルマン自身のダイモンは、ワタリガラスだそうだ。)また、「頭の鈍い人間のダイモンはやはり頭が鈍い」などと言われるとドキッとする。それでも、パンタライモンのようなダイモンがいたら心強いし淋しくない、自分をもっと理解できるのに、と願わずにもいられなくなるのだが。

もうひとつ、ダイモンが表わしているのは、人間が人間である証だろう。その証拠に、「クマ」はダイモンを持っておらず、「魔女」たちのみがダイモンと遠く長く離れていられる。ダイモンを持たない人間は、「顔のない」「心臓をえぐりだされた」人間同然で、もっとも忌み嫌われる。また、「人間が他人のダイモンに触れることも、ダイモンが自分のついている人間以外の者に触れることもタブー」なのだが、これは、感情を表現できない人間への警告とも受け取れるし、他人の心の中に土足で入り込んで引っかき回したり規制したりしようとするのは、人間の尊厳を犯す行為である、というメッセイジとも読める。

そういうダイモンを人間から奪おうとする悪の代表が、コールター夫人だ。「思春期になるとダイモンはありとあらゆるやっかいな考えや感情をもたらす」と言い放つ（確かにこういう「おとな」っている！）。ダイモンを切り離される痛みのために生命まで脅かされて苦しむ子どもたちの姿を見ると、自分のダイモンがどんなに醜くても厄介でも、しっかり抱きしめて愛せるよう努めよう、と誓いたくなるのは、私だけではないだろう。

目に見えないものを見せる魔術師

このように、ダイモンは、人間が人間であることの具現化なのである。ここに、プルマンの、並外れた発想の豊かさと、ファンタジー文学の特徴を非常に巧みに使ってみせた確かな腕を感じる。もともと、プルマンは、北米のネイティヴ・アメリカンの守護精霊 daemon（ディーモン）にヒントを得てダイモンを思いついたと述べているが、そうした神話的象徴的イメージに、人間性や心象などの要素を加えたことによって、読み手は、ダイモンを含めたこの物語全体が、架空でありながら、まさに私たち人間の世界である、と実感できる。トールキンの言う「成功したファンタジーのうちにこそ見いだせる喜び、つまりその根もとの現実にある真実あるいは真理を、突然のぞきみる喜び」が感じられるのだ。

プルマンは、目に見えないものを見せる魔術師だ。コールター夫人と彼女のダイモンの金色のサル、若くて美しい魔女など、艶やかな登場者たちの姿に、しばしばため息が出る。また、刻々とうつろう透明で幻想的な極北の地の光のベールなど、想像力、とりわけ、視覚に訴えるものが次々と登場する。持つべき人が心をまっとうに傾けた時のみ真理を教える黄金の羅針盤の「真理計《アレシオメーター》」、オーロラの中に浮かび上がる別世界の街、人間の原罪の物質的証拠「ダスト」、ダイモンと人間を切断するための銀の「分離機」など。こうした独創的な人物や道具の造型力は、続巻の『神秘の短剣』『琥珀の望遠鏡』でも発揮されていく。

物語らしい物語

でも、私はなによりも、この作品の物語そのものとしての豊かさおもしろさに魅せられる。とにかく、プルマンのストーリーテリングの牽引力や、ライラやパンタライモンを通して語られる友情や勇気の物語のパワーは強力だ。プルマンがこの作品を子どもの本として書いたのも、人間が人間らしくあるための健全なモラルの物語を、ストーリーのおもしろさが最も活かせる形で語りたかったからに違いない。

私も、プルマンとともに、若い世代に希望を託して結ぼう。「ライラと彼女のダイモンは、生まれた世界に背をむけ、太陽の光のほうを見つめると、空へ向かって歩きはじめた」。

プルマンについて

一九四六年生まれ。オックスフォード大学卒業、同地在住。ウエストミンスター・コレッジで英文学を教えながら、小説、劇の脚本などを書いていたが、ある出版社の懸賞ホラー小説で優勝後、八四年から作家業に専念。歴史推理小説、ファンタジー、社会問題小説、パロディにいたるまで、多種多様な分野で活躍し、講演にも定評がある。

本書は九五年に『極北の光』(『黄金の羅針盤』はアメリカ版の題名)として出され、九七年の『神秘の短剣』、二〇〇〇年の『琥珀の望遠鏡』で完結。本国の子どもの本の二大賞、ガーディアン賞、カーネギー賞を受賞したうえ、三部作完結の際、児童書で初めて、ウイットブレッド文学賞の大賞を授与され話題をさらった。ロンドンのナショナル・シアターの劇に続いて、二〇〇八年に封切られた映画も好評である。

『ハリー・ポッターと賢者の石』

J・K・ローリング作／松岡佑子訳

井辻朱美

〈物語〉の集大成

静山社，1999年（原書，1997年）

昔話からゴシック・ロマンスまで

魔法や魔女は大昔から、人びとの想像力を刺激し、あるいは恐れさせ、あるいはこの世の裏側にある真実へと人びとの探求心をかりたててきたもの。この物語は、その〈魔法〉の真髄をしっかりととらえている。魔法の何たるか、魔法が人びとにとって何であったかを、この物語を読みながら、読者は肌で理解することができる。永遠の寿命や人造生命を作り出すはずだった〈賢者の石〉をめぐって、巨大な闇の力がこの世に手をのばしてくるのを、白の魔法使いともいうべきハリーたちが阻む。

オカルトや魔法の伝承をきちんと踏まえながら、しかし、そんなことを知らない子どもたちも、それを包む幾重にもなったお菓子のように豊かな外側を楽しむことができる。学校でも家庭でもいじめられている孤児のハリー。そこへ突然、「魔法学校への入学許可書」が届き、魔法の杖の代わりにピンクの古い傘を持った大男が彼を迎えにやってくるのだ。何とハリーは魔法界では伝説の天才児で、両親は小鬼銀行にたくさんのお金を遺してくれていた。わくわくして足を踏み入れた学校では親友もでき、魔法のほうきにのって行なうサッカーならぬクィディッチなるスポーツでも、たちまちに天才ぶりを披露。ああ、痛快。

末っ子やだめな子、貧しい男がふってわいたような幸運に恵まれて、成功するのが定石の昔話。あるいは自分の素姓を知らずに育った子どもが、ある時高貴な生まれであることを知らされ、迎えに来られる『アーサー王』のような英雄物語。全七巻の中でも、この巻は特にそれを地でゆく展開だ。

思いだし玉、望みをうつす鏡、透明マントと昔話的アイテムもぞくぞく登場する。

さらに魔法学校は、ゴシック・ロマンスの古城とも重ねあわせられて、たくさんの無気味な幽霊が住みついているうえ、一人は魔法学校の教官にもなっている。怖くて、わくわくする真夏のお化け大会のような雰囲気はたまらない。しかも、全寮制の学校を舞台にした『飛ぶ教室』（E・ケストナー）のような学校小説の伝統もきちんとおさえている。

恐怖を楽しさに、深刻さを笑いに

〈ハリー・ポッター〉シリーズは、こんなにも過去の物語の遺産が盛りだくさんなのに、それらが絶妙にブレンドしあって、つぎはぎの印象を与えない。

その一番の理由は全体を包んでいるかろやかさにあるのかもしれない。たとえば幽霊だらけの魔法学校でも、血みどろ男爵やほとんど首なしニックといった幽霊は無気味なくせにユーモラスであり、寮に通じる扉にかかっていて合い言葉をチェックする肖像画を含めて、子どもたちとの意志の通いあいが基盤になっている。怖いけれど、それとたわむれることのできる心地よいスリルが満載だ。

またハリーを取りまく親代わりの先生たちもみなどこかに欠点があり、愛すべき人間性を備えている。動物大好きの森番ハグリッドはその典型で、子どもたちのほうが彼のおっちょこちょいをかばってやらねばならない。一番陰険な秀才型のスネイプ先生も、ガリ勉少女ハーマイオニーに足をすくわれたりする。親や教師の権威がうっとうしかったり、不満を抱いたりしがちな子どもにとって、こんな大人像は新鮮だ。どんな人物も多面的にながめられ、

ホグワーツ魔法魔術学校の教科書

共感をもてるように描かれている。

それをさらにおしすすめると――デフォルメが激しいマンガのような描きかたにもなる。ハリーをいじめるバーノンおじさんやいとこのダドリーは、「こんなのあり?」というぐらいおかしい。現実のちゃんとした人間だったら、ハリーに手紙が届くのを妨げるためだけに、家族ぐるみで旅行に出て、絶海の孤島にまで行かないよ! 現実にはありえないようなところまでデフォルメをおしすすめることで、虐待やいじめも笑えるものに転化してしまう。こんなところが、子どもたちには大いにガス抜きになるとともに、大人読者にも参考になる。深刻なことも、マンガにすれば笑えるのだ。

成長物語と友情という公式

子どもの物語の定番、そして大人の物語においても欠かせないのが、主人公の成長だ。ハリーは最初から、魔法の天才児といわれて鳴り物入りで入学する。けれども魔法学校の優等生はむしろハーマイオニーだ。ハリーと、魔法一家の末息子ロンは、彼女のノートに助けられるし、難題につきあたった時には彼女の図書館での検索能力がものを言う。三人組の中での軍師的な役割を果たすのが彼女だ。ロンは七人兄弟の中でもまれて、教科書もペットもお下がり、経済状況は苦しいが、ハリーからすれば、家庭の暖かさそのものを象徴する存在で、ロンはその兄弟や両親ふくめて、ハリーの疑似家庭をなす。ハリー一人がヒーローとなって物語を牽引していくことは決してない。彼はむしろ、運命に助けられ、まわりに助けられて成長してゆく幸運をもつ点で、英雄である。校長ダンブルドアは、彼の象徴的な父にあたり、いかなることがあっても彼の味方となるし、ハグリッドも無条件に赤ん坊のころからハリーを愛している。

そんな中で、二巻、三巻と大人になって、ハリーの葛藤もはじまってゆくのだが、なんというのだろう、この物語の構図の中では、というか作者の世界観の中では、ハリーは決して孤立しない。彼のなしとげることは、魔法界が望んでいることであり、彼は自分の意志で行為しているように見えても、常に使命と召命のもとにある。それが英雄の条件なのかもしれない。

名前を言ってはならないあの人

シリーズを通じてハリーの前に立ちふさがる、顔の見えない大敵ヴォルデモート。彼だけは真に恐ろしい、茶化すことのできない敵としてたち現われ、ハリーは両親を殺した残酷な彼を憎むとともに、彼の中に自分をも見て苦しむ。なにしろ彼には殺すべき実体が（十分には）ない。だから彼は、ハリーたち肉体を持つ存在にとって非対称的に巨大な敵でありうる。それもこのシリーズのスケールを大きくしている理由のひとつだ。

シングル・マザーとして生活に困っていた作者J・K・ローリングは、この第一作でたちまちベストセラー作家となった。二〇〇七年に最終巻『ハリー・ポッターと死の秘宝』が発売され、翌年七月に日本語訳も世に出た。毎作の映画化も遅れながらも進んでいる。この大ヒット・シリーズの意味が何であったのか、これから私たちはじっくりととらえなおしてゆくことになるだろう。

〈ゲド戦記〉『影との戦い』

アーシュラ・K・ル＝グウィン作／清水真砂子訳

小野俊太郎

自分と影を探す旅へ

岩波書店，1992年（原書，1968年）

敵と味方が単純にわかれて争う冒険ファンタジーは、さくさくと読み進められるが、どうも読後感が薄い。そんな不満をもち、もっと内面に訴える内容がほしい人には、〈ゲド戦記〉のシリーズがお勧め。『影との戦い』はその第一作目である。

最初の三部作は、『こわれた腕環』そして『さいはての島へ』と続く。ただし、シリーズの名は英語では〈ゲド戦記〉ではなく、〈アースシー〉シリーズとなる。作品名も『影との戦い』ではなく、直訳すると『アースシーの魔法使い』である。第一作目はゲドを主人公にしてはいるが、ル＝グウィンは作品世界を重視していた。ゲドが登場しないアースシーを舞台にした別の短編もある。

魔法使いが誕生する

主人公のゲドは、数々の歌に歌われた英雄的人物だが、ここでは有名になる前の時期を扱う。少年ゲドが魔法使いゲドになった過程を描くわけだ。彼は、魔法使いの島ゴントに生まれ、おばから呪文や知識を教わりながら育った。ダニーと呼ばれていたが、特別な子だと見抜いた師匠オジオンによって、本当の名前ゲドを授かる。真の名前は力をもつのだ。

こうした名前の働きは、アースシーだけでなく、神話やファンタジーにおいてとても重要で、ときにはその情報を手に入れて相手に告げることが打ち負かす武器にもなる。ここでも、ダニーがゲドという名を手に入れたことが、新しい力を獲得した証拠となる。

山育ちのゲドが島の外に出ることで冒険がはじまる。この世界「アースシー」は多島海で、その島々をたどる旅が、そのまま主人公の成長とつながっていく。まず彼は「黒影号」という名の船でたどりついた魔法使いの学校に通う。ところが、その門に入ることができずにいた。呪文を唱えても入れないので門番にゲドは助けを求める。

「自分の名を語りなされ。」門番は答えた。

ゲドは、押し黙った。自分の名を語るのは、いよいよの時でなければならない。

しかし、彼はついに覚悟を決め、「わたしはゲドといいます。」と名乗った。それからあらためて歩を運び、開かれた戸口から中に入った。だが、この時、朝の光はたしかに背後からさしていたのに、ひとつの影がすぐうしろから、続いてしのび入ったような気がした。

光と影が異なる反応を見せているのが、いかにもファンタジーの世界である。ここでは光と影が独自の存在なのだ。

影から逃れる

学校で頭角を現わしたゲドは、一五歳にして高度な魔法を習得する。だが、ハリー・ポッターの場合と違って学校の内部に冒険や謎はなく、ゲドは外へと出て行く。それは生徒の一人のヒスイと言い争いになり、魔法合戦となったためだ。その途中で、死の国から影を呼び出してしまう。影はゲドを追いかけてくる。そこで、ゲドは宝物や名誉や領土を求めてではなく、自分の呼び出した影から逃れる旅に出た。

ゲドと対話する竜

彼はハイタカという通名を名乗り、天候を操り船を走らせて、島から島へと渡っていく。訪れた先のペンダーでは、竜とまったりと会話をして、竜の守っている「宝倉を見たくない」といって驚かせる。こうした「弱い」ヒーローは、問題が内面にあることを示している。世界を救済するよりも、自分が何者かの解明が優先される。だからこの話では魔法使いゲドとなるまでの過程が重要となる。

もちろん、ゲドは逃げ回っているだけでは自分の過ちを訂正できない点を悟る。ゼロという名を与えられた貴婦人と出会って、狩られる側から、影を狩る側へと立場を選ぶ決意が生まれる。ゼロをくぐりぬけることがそのまま彼の成長であり、また世界の救済につながっていくのだ。

新しい世代のファンタジー

ゲドの旅は、何か宝物を得て故郷にもどるものではない。島を渡りながら、自分を見つける旅でもある。戦いもやむをえないものであり、好戦的なヒーローとして戦闘に満ちた話ではない。ゲドは能力において選ばれているとともに、成長の儀式をとげるという読者とも共通する悩みをもっているのだ。

こうした新しいヒーロー像は、「ニューエイジ」と呼ばれた第二次世界大戦後のアメリカに生じた価値観の影響を受けている。ジョージ・ルーカスが、新しい神話学に基づいてSF映画『スターウォーズ』のヒーローを作ったように、ル＝グウィンのゲドも、フレイザーの神話学から東洋思想やネイティヴ・アメリカンの神話まで踏まえている。このヒーローは、髪も肌も「有色」だし、ヨーロッパ叙事詩の主人公のように王族でもなく、領土や権益の拡張を試みる英雄ではない。ゲド（Ged）という名は神（God）と一字違いだが、未完のまま何かを求めて旅をする彼にふさわしいだろう。

「ことばは沈黙に／光は闇に／生は死の中にこそあるものなれ」という詩が冒頭に掲載されているが、禅の公案にも似た逆説的な表現に真実が隠されている。そして、続編の『こわれた腕環』では、巫女が活躍してファンタジーの新境地を開いた。神話学、文化人類学、心理学、女性学の叡智が作品世界を豊かにしている。アニメ化もされ、トールキンの『指輪物語』と並んで、現在も強く訴えかける作品となっている。

「アースシー」という語をはじめ作品内の世界をさす表現が英語に密着しているので、イメージが分かりにくいかもしれない。だが、英語のスペルを思い浮かべるならば、「大地（earth）」と「海（sea）」を結びつけるなど、ル＝グウィンが、アメリカ合衆国においてファンタジーという名の新しい神話を作り出そうとした意欲が感じとれるはずだ。

ル＝グウィンについて

作者のル＝グウィンは一九二九年に、文化人類学者の父と作家の母との間に生まれた。SF作家として、『闇の左手』（一九六九）や『所有せざる人々』（一九七四）といった問題作を提示している。性や人種といった差異に焦点をあてて描く女性作家として注目された。空飛ぶ猫が活躍する楽しい子どもむけシリーズもある。〈ゲド戦記〉に関しては、続編が書き続けられ、五作目の『アースシーの風』（二〇〇二）で一応完結している。

〈アースシー〉シリーズは、しだいに作者のフェミニズムの枠組がはっきりしてきて、第一作とは作品の雰囲気が違ってしまい、読者の評価もわかれる。だが、彼女のSF作品群と照らし合わせた時に、女性作家としてのル＝グウィンの変貌が読みとれるし、彼女が新しい境地を開こうとしたのは確かだろう。

コラム④　イギリス児童文学と食べ物

イギリス児童文学に登場する食べ物は楽しい。メニューは基本的にイギリス風で、ときに魔法がかかった怪しいものが出てくる。食べる場面が象徴的な意味を帯びることもある。

そもそも近代児童文学の祖と呼ばれる『不思議の国のアリス』が食べ物の宝庫だ。アリスは兎穴を落下中にオレンジ・ママレードの瓶からつまみ食いするのをはじめとして、不思議の国でしょっちゅう何かを食べている。たいていはへんてこな食べ物だ。「ワタシヲノンデ」というラベルつきの瓶入り飲料(「サクランボのタルトと、カスタードと、パイナップルと、七面鳥の丸焼きと、キャンディと、バターをぬった熱々のトーストとを全部まぜあわせたような味」!)、干しぶどうで「ワタシヲタベテ」と書かれたケーキ、小石が変身して現れる小さなケーキ、芋虫が腰かけているキノコ…どれも口にすると、アリスの身体が急に巨大化したり、縮まったりする。おそらくは批評家たちが言うように、成長期の少女の(またはそのような少女を友人にもつ作者キャロル自身の)不安を表しているのだろう。

『ライオンと魔女』にも食べ物がよく出てくる。この作品の場合、ほぼ一貫して「善悪の戦い」というテーマと関連する象徴性を帯びている。ナルニアの善良な住民がふるまう食べ物と、白い魔女がふるまう食べ物を比べると、それがよくわかる。

ルーシィがはじめてナルニアを訪れたとき、フォーンのタムナスさんの家でいただくのは、紅茶、やわらかくゆでた茶色の卵、トースト(小イワシ、バター、ミツなどがつく)、砂糖をかけたお菓子。後にビーバー家で兄姉たちと一緒にとるディナーは、とれたてのマスのフライ、粉ふきイモ(お好みでバターつき)、クリームのように濃いミルク、ビール

（ビーバーさん用で、作者C・S・ルイスの好物でもある）、マーマレード菓子、紅茶。いずれの食事もイギリスの庶民的なメニューで、必ずしも高価な素材を使ってはいないが、作りたてで、皿数が豊富で、いかにもおいしそうだ。

よく知られていることだが、白い魔女がエドマンドに与える「プリン」は、原書では「ターキッシュ・ディライト」というサイコロ状のモチモチした菓子だ。食べれば食べるほど欲しくなる魔法がかかったこの菓子と、「あまくて、あわ立った」正体不明の飲み物。このたった二種類を、エドマンドは気分が悪くなるまで胃に詰め込む。それでもさらに欲しくなって魔女の館にやってくると、かわりに出されるのは、水と古くなったパンが一きれだけ。エドマンドを十分利用した後となっては、望みの菓子でもてなす理由がないというわけだ。このように、魔女が出すいずれの食べ物も種類が少なくて、栄養のバランスを欠き、量が極端に多いか少なくて、食中に（または食前から）不快感を催させる。

古今東西の文化圏で客人を食べ物でもてなす習慣があるのは、それが生命の糧であり、健やかに長生きしてほしいという願いをこめてのことだろう。食べ物は、それをふるまう人物の心の健全さ・不健全さを反映し得るのだ。

『ハリー・ポッターと賢者の石』もまた、色とりどりの菓子と料理がちりばめられている。一部を紹介すると、ホグワーツ魔法学校行きの列車の中では、かぼちゃパイや杖型甘草あめに加え、蛙チョコやバーティー・ボッツの百味ビーンズなど、魔法がかかった愉快な菓子がハリーの目と舌を驚かせる。そしてホグワーツのクリスマス・ディナーのきらびやかなこと！　七面鳥のロースト、ゆでポテト、チポラータ・ソーセージ、バター煮の豆、肉汁とクランベリーソース、デザートにはブランデーでフランベしたプディング。ダーズリー家でろくに食べさせてもらえず、あらゆる楽しみから遠ざけられてきたハリーにとって、ホグワーツの多彩で美味しい食べ物は、この新しい「わが家」で彼が出会う人びとの個性の豊かさ・楽しさと重なって見えたに違いない。

興味深いメニューや食べる場面を描く作品は、まだまだ沢山あるはず。みなさんもイギリス児童文学の食の世界を探訪してみてはいかが？　（成瀬俊一）

V　少女たちの明日

『若草物語』

ルイザ・メイ・オールコット作／矢川澄子訳

少女たちのバイブル

髙田 賢一

福音館書店，2004年（原書，1868年）

面白さの秘密

アメリカ児童文学の古典として名高い『若草物語』は長いこと、少女たちのバイブルだった。オールコットは執筆依頼を受けた時、「女の子は好きではないし、知り合いもいない」とあまり乗り気でなかったが、一八六八年に出版されるや大変な人気を博し、やがて母から娘に受け継がれる一冊となった。幸せな家族像も魅力的だが、とにかく面白いのである。この物語の最大の魅力は、母を中心に四姉妹がひたすら我慢して南北戦争に牧師として従軍中の父の帰宅を待つという、いかにも暗そうなシチュエーションにもかかわらず、そこに折りこまれた多くの印象的なエピソード、それぞれの少女たちの個性の輝き、少女時代ならではの心の動き、そして心が通い合う家族の姿が、鮮やかな絵のように描かれているところにある。出だしの数行を読むだけで、物語の世界にはまってしまうことだろう。

プレゼントのないクリスマスをぼやく冒頭の一節には、姉妹たちの日頃の思いとそれぞれの個性の一端が顔をのぞかせている。男の子のような言葉遣いで行儀が悪く、すぐかっとなる一五歳の文学少女ジョー、やや虚栄心の強い一六歳の長女メグ、ちょっとおませで見栄っ張りな一二歳の末娘エイミー。ところが、不満たらたらの姉妹たちとは対照的に、温和で恥かしがりやの一三歳になるベスは、ただ満足気な声をあげるだけである。

それはおそらくどの家庭にも見られる日常の光景だろうが、オールコットは四姉妹のちょっとした言動を通して、多くの少女たちや子どもの特性を浮き彫りにしてくる。わずか数行で姉妹たちの性格の違いを描き分けるその手並みのなんという鮮やかさだろうか。私はメグにそっくり、自分はエイミー、あたしはジョー、私はどちらかといえばベス、という具合に四人の誰かに同化して、物語の世界に入りこむ読者もきっと多いはずだ。

幸せな家族の肖像

母を中心とする家族像も魅力の源だ。父親が留守の間、マーチ家は娘たちを優しく見守る母によって支えられている。いわば母子家庭だ。でも暗くはなく、笑い声が絶えない。誰かが落ち込むと、必ず他の誰かが手を差し伸べてくる。もしいつも父が眼を光らせている家庭なら、女の子がカーペットに寝そべるなどとんでもないことだ。父が戻るまでの一年、娘たちには大変な宿題がある。性格的な欠点という「内なる敵とおおしく戦い」、「ますます好ましくかつ誇らしいご婦人」へと成長するという難題だ。自分を変えることはそんなに簡単なことではない。当然その戦いは、苦戦の連続となる。毎日、まさに失敗だらけだ。でも失敗が多ければ多いほど自分の欠点を見つめることができ、少女たちは確実に成長していく。完全無欠と思えた母にも、ジョーによく似た感情の激しさという欠点がある。つまりジョーの家族は、問題だらけの家族でもある。だからこそ、愛と絆でしっかりと結ばれた母と娘たちはまさしくその英語名（March）が示す通り、素晴らしい未来に向かって前進しようとする。物語のはじまりから終わりまで、居間の暖炉にはいつも火が燃えていて、母のまわりに娘たちが寄り集う。少女たちの家はいかに貧しくとも心が通い合う家庭、まるで美しい絵のような、地上の楽園と呼びたくなる世界なのだ。

印象的なエピソードの数々

物語を面白くしているのは、記憶に残るようなエピソードやシーンが一杯あるためだろう。クリスマスの朝、ご馳走を貧しいドイツ移民の家族に全部与えてしまうというエピソードにはじまり、素人芝居の上演、男装での屋根裏部屋での集会、物語のモデルとなったイギリス作家バニヤンの『天路歴程』にちなむ巡礼ごっこ、ダンスパーティで足首を捻挫するメグ、鼻に洗濯バサミをつけてベッドに入るエイミー、大切な原稿を燃やされたジョーの激怒、薄氷の川に落ちたエイミーが死にそうになるシーンなども印象的で、それこそ数え上げるときりがない。その中で最もよく知られているのは、病気になった父のために何かしたいと思ったジョーが、髪の毛を切って売るエピソードだろう。男の子になりたいと思いつつ密かに栗色の髪を自慢することの矛盾はさておき、ジョーの健気さにもらい泣きをした少女も多いはずだ。

マーチ家の4姉妹

この物語は、父不在の間、家族が助け合って暮らす姿を通して、理想の家族の愛と絆を讃美する物語、同じ国民が傷つけ合う戦争批判の物語、女性の力と連帯を称える物語など、その魅力が多様な角度から説明されてきた。それらはすべて正論だと思うが、さりげない描写やエピソードが物語に奥行きと活気を与えているのを見落とすわけにはいかない。

物語の奥の深さ

児童文学の多くは、主人公の子どもが試練を乗り越え、成長という名のハッピーエンドで幕を閉じる。一九世紀半ばのアメリカに花開いた家庭小説の典型である『若草物語』にも、ほぼ同じパターンが認められる。母の保護下にあった少女たちが、苦しい体験を重ねるうちにいつのまにか巣離れし、それぞれの欠点を克服するほどの強さを身につけていく。度重なる苦しい体験が、成長へのバネとなったに違いない。物語の根底には、どんな逆境に直面しても決して諦めないタフさがあり、苦しみはすなわち喜び、貧しさは心の豊かさの源とする特異な価値観、いわば逆転した発想が息づいている。隣りのローリーの家の物質的な豊かさと精神的な貧しさが対比されるのはそのためである。同じアメリカ人が南北に分かれて戦った悲惨な南北戦争後に登場したこの物語には、「目には目を」の時代が、やがて「貧しい人たちは幸いである、天国は彼らのものである。悲しんでいる人たちは幸いである、彼らは慰められるであろう」とする新約聖書の慈悲と愛の世界が訪れることへの祈りがこめられている。心に何らかの傷を抱く当時の人びとがこの物語を読んだ時、どれほど癒されたことだろうか。このような祈りは、現代においてもなお新鮮である。

夢を実現したオールコット

一八三二年に生まれたオールコットは、少女時代をボストンとコンコードで過ごした。父ブロンソンが生活力のない哲学者だったため、若いころから家計を助けるために働いた。作家になるのが夢だった彼女は、早くも一六歳で最初の物語を書き、南北戦争のさなか志願して従軍看護婦になり、その経験から『病院スケッチ』(一八六三)を書いて認められる。これより数年、女性の生き方を問う血と暴力の煽情小説を偽名で多数発表し、明るい家庭小説の作家とは異なる一面を示した。『若草物語』で大評判となり、翌年には「家庭の天使」ベスの死を乗り越え、エイミー、ジョーの結婚で喜びを取り戻す家族の様子を描く続編が書かれた。オールコットは多くの児童書を書く一方、フェミニズム小説『気まぐれ』(一八六四)と『仕事』(一八七三)を刊行。一八八八年に死去するが、その名はアメリカ児童文学史に光り輝き、近年ではアメリカを代表する女性作家の一人として再評価されている。

『あしながおじさん』

ジーン・ウェブスター作／谷口由美子訳

ハツラツと人生を生きるには

滝川秀子

岩波書店，2002年（原書，1911年）

瞳を輝かせるジュディ

一〇歳を過ぎたころから私の親友はジェルーシャ・アボットだ。彼女を紹介しよう。孤児として一七年間を孤児院で育ち、もうとっくに年限は切れているのに院長のお情けでまだそこに暮らしている。孤児たちの世話係だから頭の痛むことも多いのだが、そんなある日、院長から呼び出しがかかり、重々しい前置きのあとで、こんな話が飛び出した。

「……でも、あなたは運のいい子です。その……たった今帰られたその方が、珍しいほどのユーモアのセンスの持ち主でね、あなたのちょっと生意気な作文に感心されて、あなたを大学に行かせてくださるとおっしゃったのですよ。」

まさか！　この自分が？　大学に？　ぼうっとしたまま、その場を去った通称ジュディはともかくも大嫌いな青いギンガム地の制服を脱ぎ捨て、チャンスの女神の前髪をしっかり摑み、生まれて初めて列車というものに乗り、オドロキの新世界すなわち女子大学に到着——さてそこから一連の「手紙」を恩人の「親愛なるあしながおじさん」宛に送りはじめる。

あたしは大学が大好き。そして、あたしをここへ送ってくださったおじさんが大好きです——あたしはほんとうに、ほんとうに幸せです。朝から晩まで、ずっと興奮しっぱなしで、寝るひまなんてないくらいです。

と、冒頭からたたみかけてくるから、読者も思わず乗り出す。学ぶこと大好き人間のジュディにも、彩りとして青年たちとの交流がはじまるころには、その応対で彼女も読者もますます忙しくなる。

ユーモラスな個性に魅せられて

本書の魅力はなんといってもジュディのハツラツとした個性である。たとえば出だしの場面。院長に叱られるとの予感にシカメ面で出頭するが、偶然廊下で見かけた評議員氏の後ろ姿が光の具合で壁に貼りつく〈あしなが蜘蛛〉に見えたことで笑いだし、晴れ晴れと院長室に入って行く。いざ大学に入ると、新入生なら当然知っているはずの常識が完璧に抜け落ちているので、トンチンカンなことを言ってはあとで一気に追いつくべく夢中で読書し、読書そのものの面白さに目覚める。「マザーグース」さえ未知だった彼女も三年生になると「読んで、読んで、読みまくるんです。一冊じゃたりません。いっぺんに一〇冊も」とテニスン詩集から『若草物語』まで読みふけり、急速に人生のコツも摑む。一方では同室のサリーと生涯の親友になり、もう一人のジュリーのほうは対照的に嫌味なお嬢様育ちだがジュディはさらりとつきあって、めでたく全員で卒業式を迎えるのである。そしてジュディは文筆家として出発するのだが……。

夜明け前に起きました！

最後のシンデレラ？

ストーリーは一種の現代シンデレラものといえるだろう。一七歳の孤児の文才が幸運にも匿名のリッチな紳士の目に留まって女子大に行かせてもらうのだから。この小説は大学卒業までの四年間、お礼がわりに課せられた月一度（以上！）の魅力満載の手紙による報告を通した成長物語であるが、最後の一通がラブレターに変わるところがポイントなのだ。

現代の読者たちにはこの〈ハッピーエンド〉はどう映るだろうか。最後にジュディは「あしながおじさん」の正体を発見しロマンス成立を示唆して終わるものの、いちおうキャリア志望の姿が描かれ、あとは読者の想像に任せてある。そこからはまた新しい出発が可能であり、今ならそれは「シンデレラ」の結末にはならないだろう（なお肝心の〈彼〉のほうはなぜか資産以外では平凡で、とくに魅力的には描かれていないのは不思議だ。続篇『ディア・エネミィ』ではジュディは副にまわり、富裕なマダム暮らしの姿をちらりと見せる）。

人生のノウハウも指南してくれる本

このジュディが私に繰り返し教えてくれたことは三つある。まず、自分らしい人生を生きるには自らの意思と勇気が最重要だということ。次にそういう生き方にはユーモアのセンスが不可欠だということ。最後に、人をチャームする手紙の書き方のコツ、それも自分に一番身近で感動したテーマを相手に知らせたいという強い意欲だ。そして今も、改めて読む『あしながおじさん』の中から、ジュディはこちらの耳元で囁いてくれる。「生きるためのノウハウの再確認を。まだ遅くはないのよ」と。

また見逃せないのが作者自身による独特の愉快なイラストの数々である。本作品は刊行二年後に作者自身の脚色で劇化上演されたし、一九五三年にはミュージカル・コメディーのロンドン公演も好評だった。映画化も三回、翻訳出版は一八カ国にも及ぶ。日本語訳は一九一九年に東健而訳『蚊とんぼスミス』として初出版以来、最近まで十数種もの翻訳が出ていて根強い人気を偲ばせる。手紙集だけに時代に応じた翻訳の比較研究も楽しそうだ。

ああ、もっと書いてほしかったのに……

ジーン・ウェブスターは一八七六年七月二四日にニューヨーク州フレドニアで生まれた。同州のヴァッサー大学では優秀な学生ではあったがスペリングには弱かったらしい。一度あきれた教師が「いったい何の根拠によってこんな綴りをするのですか」と聞くと、答はひとこと「ウェブスター（辞典）」。このユーモアのセンスはやはり母方の大伯父マーク・トウェイン譲りかもしれない。独特の教育で知られる同大学で、彼女は経済学の勉強では社会事業を見学し孤児の生き方にも関心をもち、まるでジュディのように好奇心旺盛だった。弁護士と結婚後ニューヨーク市のセントラル・パークを見下ろす住まいに暮らすが、間もなく女の子を出産後、急逝した（一九一六年六月一一日）。なんとも惜しい。作品はデビュー作『おちゃめなパッティ大学に行く』（一九〇三）から最後の『ディア・エネミィ』（一九一四）まで九作が知られている。

なお私事ながら、私はその後二〇代の後半にジュディに負けない幸運でアメリカ東部の大学院からスカラシップを受け、留学の夢を果たした。着いてまもなく、まだ夢見心地の目の前を、牛乳屋の白いワゴン車が広大な芝生の中をガタゴト通って行く。見るとその車体には大きく「アボット社ミルク」——ありがとう、ジュディ・アボット！　この小文は私からジュディへのラブレターとしたい。

『少女ポリアンナ』

エリナー・ポーター作／谷口由美子訳

髙田賢一

落ちこまないための秘訣

岩波書店，2002年（原書，1913年）

世界をかき乱す小さな天使

ある日突然、アメリカの西部から東部の小さな町にやってきて、やがて町の静けさをかき乱すことになるポリアンナ。十一歳の彼女はまさしく天使の心を持った少女、悩みと悲しみを押し殺して生きている人たちを救う小さな天使である。辛い現実をプラスに受けとめる「喜びのゲーム」に町の住民を巻き込み、その固く閉ざした心を開くばかりか、涙を笑いに変えていく。ポリアンナと知り合った大人たちは、いつしかこの少女の訪れを心待ちにし、会えば幸せに、会えない日はひどく落ちこんでしまう。彼女を通して、いつの間にかすっかり変わってしまった自分を発見することになる。少女の不思議な魔法にかかり、決してうつむいて歩いたりしなくなる。それどころか、怒り出すところで笑うようになるのだ。ポリアンナとは、アメリカ東部の町にやって来たハイジ、赤毛のアンなのである。

アメリカでは一九世紀後半から二〇世紀初めにかけて、新天地の西部がアメリカの未来であり希望であるという考えが広く社会に浸透していた。「西部に行って若返ろう」というスローガンさえあった。これは西部開拓を呼びかけるキャッチフレーズだが、いつも明るさを失わない孤児のポリアンナこそ西部の化身というべき少女である。希望も笑いも忘れて生きている町の人たちが、希望と笑いを取り戻すお手伝いをするのだ。けれどこの少女は、じつはとても悲しい過去を持っている。不幸そのものの少女なのだ。幼くして母を亡くし、そのうえ牧師だった父が死んだポリアンナは孤児となり、母の妹ミス・ポリーを頼ってはるばる東部の町までやってくる。

魔法のゲーム

不幸な人たちを幸せへと変える魔法の源は、「喜びのゲーム」である。その発明者はポリアンナの父だったが、ゲームを普及させたのは彼女だった。発端はこうである。「人形をください」と教会本部に頼んだところ、届いたのはなんと松葉杖だった。がっかりした娘に、父はこう話して聞かせる――「おまえは使わないですむ、必要ないということを喜べばいい」と。がっかりしていいところで、ハッピーといってしまうのがこの「喜びのゲーム」の凄さだ。落ちこまないで嬉しいというためには、タフな心と途方もないエネルギーが必要だろう。過去を振返ってばかりいないで未来を見つめ、現在に生きようとする気持ちが不可欠に違いない。それが元気の秘訣だ。

生ではなく死が素晴らしい冒険と語ったのがピーター・パンなら、この少女は生きることこそ大冒険なのだという。彼女にとって生きるとは、希望を忘れないということだ。両親と死別し、唯一の肉親の叔母さんからは、カーペットもカーテンも壁を飾る絵もない、暑苦しい屋根裏の小部屋を与えられて思わず涙ぐむ少女にとって、「喜びのゲーム」とは、人生に暗い面が一杯あるのを承知の上でのゲームなのである。人生に希望を見出そうとする彼女はその底抜けの陽気さで、前に進めない人に一歩足を踏み出す勇気を与えるのだ。

幸せな犠牲者たち

「喜びのゲーム」の伝道者、ポリアンナの最初の犠牲者は、社会的貢献こそ「立派な家柄の人間の務め」と考えて、孤児となったポリアンナを引き取ったミス・ポリーだ。彼女には、たった一人きりの姪である少女を温かく迎え入れようとする気持ちの余裕などまるでなく、あるのはただ義務感だ

交通事故でベッドにふす少女

けだった。そこには、ひとかけらの愛情も思いやりもない。ところが、四〇歳になる未婚のポリーの静かな生活は、ポリアンナと出会ったばかりにかき乱されることになる。

初対面の挨拶もそっちのけで、いきなり叔母さんに飛びつき、「うれしい」を連発するポリアンナ。それに対してミス・ポリーは、ただ迷惑そうな表情を浮かべるばかり。彼女のことを氷のように冷たい人というのは簡単だが、ポリーには心を閉ざさざるをえない過去があった。町で屈指の資産家である彼女は、大好きだった姉と駆け落ち同然に結婚した牧師をずっと憎んでおり、また、プライドが邪魔をして恋人と仲たがいをしたため独身を守り、笑いのない日々を生きてきたのだ。

この小さな町には、笑いがなく、暗い日々を送り、ポリアンナによって改造されるべき有資格者が一杯いる。ポリーを筆頭に、不平と不満ばかりいう寝たきりのスノウ夫人、無愛想でむっつりしていて、まるで人を寄せつけないお金持ちのペンドルトン氏、ポリーとけんか別れをした後、かたくなに独身生活を続けている医者のチルトン先生などである。それぞれ心に悲しみを宿し、どこか「変った人」たちだ。とびっきり風変りなのは、いうまでもなくポリアンナだろう。風変りな少女が風変りな大人たちを救うという物語展開は、ユニークそのものではないだろうか。当然、交通事故で歩行困難となった彼女を救うのは、元気になった大人たちでなければならない。

不思議な少女たち

アメリカの児童文学を読んでいると、一風変った不思議な少女によく出くわす。おやっと思うほど陽気で明るく、天真爛漫で、ちょっとやそっとではくじけない芯の強さと、あきれるほどの元気さが特徴だ。一九三〇年代ハリウッドのトップ子役スター、シャーリー・テンプルは不況時代の人びとに元気を与え続けたが、それと同じタイプの少女たちである。陽気で明るく、無邪気さゆえに大人を救い、世界を救う痛快な少女たち。その系譜を年代順に並べてみると、クーリッジ作『すてきなケティ』（一八七二）、ボームの『オズの魔法使い』（一九〇〇）、ウィギンの『少女レベッカ』（一九〇三）、バーネットの『小公女』（一九〇五）、それから一九二〇年代に漫画の連載がはじまり、やがて舞台化や映画化された『アニー』などだ。このリストにカナダの『赤毛のアン』（一九〇八）を付け加えてもいい。その共通点は、主人公が孤児もしくは孤児同様の境遇にあり、なんとなく奇妙かつ不思議な子どもだという点ではないだろうか。まさにアメリカの児童文学は、不思議な少女の宝庫なのである。その頂点には、楽天的な前向き思考の女王、ポリアンナが君臨している。

希望を描き続けたポーター

ポーターは一八六八年に生まれ、一九二〇年に死去。少女時代は病弱だったが、やがて音楽学校で声楽を学び、結婚後、児童文学の道を歩み始める。何度も映画や舞台化された本書とその続編、『ポリアンナの青春』（一九一五）で一躍有名になる。共感を呼んだその楽天主義はやがて見向きもされなくなり、ポリアンナの名は「愚かでやたらに楽天的な人」を意味する代名詞となってしまう。近年になって、その前向き思考は、道化を装った巧みな処世術ではなかったのかとの見方も現われてきた。最後の作品『スー姉さん』（一九二〇）は、若い女性の内面をリアルに描いて共感を呼んだ。

『ウィーツィ・バット』

フランチェスカ・リア・ブロック作／金原瑞人、小川美紀訳

灰島かり

ウィーツィ・バットはジョー・マーチの孫娘？

東京創元社，1999年（原書，1989年）

反家庭小説？

『ウィーツィ・バット』は一九八九年にアメリカで出版され、大ベストセラーとなった。著者のフランチェスカ・リア・ブロックはアメリカのティーン・エイジャーのあいだで、カルト的な人気を得ており、〝ロサンゼルスの詩人〟と呼ばれている。先鋭的な現代風俗が描かれているが、四冊の続編を含めてシリーズ全体を通して読むと、家庭小説の趣がある。いや、まちがえた。反家庭小説と言うべきだろう。なぜなら主人公のウィーツィの両親は離婚しているうえ、父親はドラッグのやりすぎで自殺のような死をとげる。さらにウィーツィはゲイのカップルと寝て、父親のわからない子どもを出産するのだから、健全な血縁家庭のあり方からは、大きく外れている。それにもかかわらず『ウィーツィ・バット』は、家庭小説の金字塔『若草物語』と、似たところを持っている。

パンクなフェアリー

タイトルは聞き慣れない音だが、そのまま主人公の少女の姓名である。姓の「バット」は「コウモリ」で、名前の「ウィーツィ」は「映画の脚本家だった父親がつけた、名前らし

くない名前」という設定。Weetzie の wee には小さいという意味があるので、「甲森《こうもり》・小図音《こずね》」とでも置きかえれば当たらずといえども、遠からず？（もちろん、違いますよ）。

ウィーツィはプラチナ・ブロンドに染めた髪をクルーカットにして、大都会ロサンゼルスをパンクの妖精のように泳いでいる。かっこいいモヒカン刈りの少年ダークとつきあっていたのだが、ダークはゲイでカップルにはなれないことがわかる。ウィーツィは、それなら二人でボーイハントをして、二組のカップルとしていっしょに暮らそうと提案する。せっかく気が合うのだから、性的嗜好の違いで別れるよりは、ベストフレンドでいたほうがいい、ということだ。

この小説にはファンタジーの要素があって、ここでランプの精が登場。ウィーツィの願いをかなえてくれて、ウィーツィもダークも、理想の男をゲットし、みんなで住むための家も手に入る。ウィーツィは子どもが欲しくなるが、自分の恋人のラヴァー・マン（これも姓名！）は欲しがらない。それではダークとその彼というゲイのカップルとのあいだの子どもをつくろうと、どちらが生物学的な父親かわからないようにして（つまり二人と同時に寝て）、妊娠し出産する。ついでにラヴァー・マンがよそで作った子ども（母

『ウィーツィ・バット』とそのシリーズの5作品を一冊にまとめたBt Bound版（1999年，アメリカ）

親は魔女らしい）も引き取って、二組のカップルに、赤ん坊が二人という反家族・共同体ができあがる。彼らのファンタスティックで愛に満ちた暮らしぶりが、一連のシリーズとなっている。

うらはらな母性

〈若草物語〉シリーズでは、ジョー・マーチが幼なじみのローリー青年のプロポーズを断り、結局ローリーはジョーの妹のエイミーと結婚する。結局ジョーもウィーツィも「なかよしの異性」とは別の男性と結婚するが、「なかよしの異性」が身近にいることで、結婚相手の男性に縛られる危険から逃れている。ジョーとウィーツィがかっこいいのは、パートナーを持ちつつ、縛られていないからで、それには「なかよしの異性」の存在が大きい。二人の選択のかしこさには、うっとりしてしまう。

ジョーは息子を二人得るがそれだけでなく、夫とともに男の子のための学校を開いて、たくさんの男の子たちの母親となる。ジョーは、当時の「女性らしい女性」からは外れているものの、その本質はスーパー・マザーなのだ。一方ウィーツィはティーン・エイジャーだというのに、自己増殖したような形で娘を産み、血縁のない赤ん坊も育てるわけで、パンクな外見とうらはらに、こちらも本質はスーパー・マザー。ふたりとも拡大家族を作って、その中心に存在する。ほらね、ずいぶん似てるでしょ？

創造性と純愛

二冊の本は一二〇年のへだたりを越えて、もうひとつ共通点がある。ジョーもウィーツィも、パートナーと協力しあって、創造的な仕事をしているということだ。ジョーは夫婦で学校を経営し（お行儀のいい〈若草物語〉シリーズらしい）、ウィーツィと恋人は、いっしょに映画を作る（現代のロサンゼルスらしい）。そして彼らの共同作業を支えるものは、どちらも純愛なのである。

『ウィーツィ・バット』の世界では家父長制が崩れているため、一夫一妻制にはこだわりがなく、セックスは基本的に自由だ。そのうえドラッグやらパンク・ロックという、反社会的（に見える）風俗の中にいるが、それでも外観にだまされてはいけない。ウィーツィ・ファミリーは、打算のない家族愛のもとに生きている。これがジョー・ファミリーとの最大の共通点であり、『ウィーツィ・バット』を反家庭ながら家庭小説にしている最大の理由でもある。

では違いは？

もちろん違いもあって、若草物語はキリスト教を思想的背景としていて、四姉妹はクリスチャンの理想に向かって、より良くなろうと葛藤し努力する。そのため物語はときどき教訓くさくなる。一方ウィーツィ・ファミリーは、自由気ままに生きており、教訓とは一切無縁。「より良くなろうという葛藤」の代わりに「よくわからない超常現象」が描かれていて、このあたりはポストモダンの感覚。ネイティブ・アメリカンの思想や、瞑想やヨガ、好物はハマチの寿司など、文化の多様化が、アメリカの伝統的なピューリタニズムから逃れる機動力となっている。『若草物語』を古き良き価値観に基づいた、血の通った家庭小説と言うなら、『ウィーツィ・バット』は価値観の多様性をよく受けいれた、血の通った反家庭小説とまとめることができる。

最後に秘密をひとつ。ジョーの親友ローリーは本名 Theodor。ウィーツィの親友ダークは Theodoric の省略形なので、「異性の親友」の名前はほぼ一致。そのうえウィーツィに家を残してくれた、ダークのおばあちゃんのフィフィは、ジョーの本名 Josephine の省略形。やっぱりウィーツィはジョーのお孫さんということなんでしょうね、きっと？

『赤毛のアン』
ルーシー・モード・モンゴメリ作／村岡花子訳

新潮社，2008年（原書，1908年）

『赤毛のアン』の備忘録

桂　宥子

モンゴメリの姪との出会い

一九九四年、プリンス・エドワード島大学で開催された「第一回国際モンゴメリ学会」の折であった。私はシャーロットタウンのコンベンションセンターで開催されていた「L・M・モンゴメリ展」へ出かけた。展示を見学中、小太りの老婦人三人が、にぎやかにやって来た。部屋の隅にある展示ケースの前で、三人はワイワイと盛り上がっている。その声に引きつけられるように私が一向のそばへ行くと、彼女等はモンゴメリの姪であるキャンベル家の三姉妹であることが判明した。そのうちの一人は、一二歳の時にモンゴメリに宛てた自分の手紙が展示されているのを指して、「八〇歳過ぎて読み返すと、文章がまずい」と嘆いていた。三姉妹はモンゴメリからピアノのレッスン代や学費を援助してもらったこと、モンゴメリがエプロンのポケットにいつもメモ帳をしのばせていたことなど私に話してくれた。

メモ帳は語る

モンゴメリは一九〇七年八月一六日の日記に「私は物語の筋や出来事や登場人物や背景描写のアイディアが浮かぶと、いつもメモ帳に書き留めている」と記している。私が出会ったモンゴメリの姪の話は、いみじくもそのことを裏づけている。じつは『赤毛のアン』を特色づけるプロット、子どもの取り違えに関して、モンゴメリは自らの創作メモ帳からヒントを得ているのである。彼女は『アン』を出版する三年前に、何か物語にふさわしい材料はないかとメモ帳をめくる。そのとき、次のような一〇年もまえに記入したメモ書きを見つけたのである。

「老夫婦が男の子を養子にほしいと孤児院に申し込んだところ、まちがって女の子が送られてきた。」

これをヒントに孤児院から男の子を引き取るはずの老兄妹のところに、間違って少女が送られてくる『赤毛のアン』の物語が誕生したのである。名作の裏にメモ帳ありと言えよう。

カナダが生んだ不滅の少女

プリンス・エドワード島のアヴォンリーにもらわれた孤児のアン・シャーリーは、もうすぐ一一歳。アメリカの文豪マーク・トウェインから、「不滅のアリス以来、フィクションのなかの最も愛すべき少女」と絶賛された個性豊かな主人公である。農作業の手伝いに男の子を孤児院から引き取るつもりだった「グリン・ゲイブルス」に住むマシュウとマリラという老兄妹は、赤毛で、そばかすだらけの痩せた少女の出現にびっくりする。人を介したために間違いが生じたのだ。手伝いの女の子を探しているブリュエット夫人にアンを回す案も出るが、マリラは他人に託すよりも自分の手元に置いて彼女を育てることにした。

アンは元気で、おしゃべりで、想像力の豊かな子であった。しかし、失敗も重ねた。自分を「赤毛」と呼んだ隣家のレイチェル夫人にひどい癇癪をおこしたり、「にんじん」とからかった学友ギルバートの頭を石盤でたたいたり、行商人から買った毛染で髪の毛を緑色に染めてしまったりする。一方、こうした事件の一つ一つが、老兄妹にこれまでの二人だけの暮しでは味わえなかった生活のはりを与え、少女はいつしか、彼らにとり、掛け替えのない存在となって行く。

恋人の小径、すみれの谷、輝く湖水をはじめ、島の美しい自然に囲まれながら、アンはすくすくと成長する。一五歳になると、教員免許取得のため、クイーン学院を目指して受験勉強を始める。そして、トップの成績で合格する。卒業間近には、奨学金を得てレドモンド大学への進学が約束されていた。

しかし、喜びも束の間、マシュウの突然の死やマリラの目が不自由になったことが、アンの運命をすっかり変えてしまった。アンは大学進学をあきらめ、教師をしながらマリラの世話をしようと決心する。事情を知ったギルバートは、彼女が自宅から通えるように、自らが勤務することになっていた学校を譲ってくれる。アンは石盤事件以来のいがみ合いをすっかり水に流し、彼と仲直りする。

プリンス・エドワード島の美しい自然描写とアンを取り巻く人々の性格描写に優れているこの作品は、一九五二年に邦訳されて以来、日本でも熱狂的な愛読者を多数獲得してきた。

グリン・ゲイブルス

備忘録としての日記

モンゴメリは一四歳の時から生涯に二〇〇万語にも及ぶ日記を残している。それは日々の身の回りの出来事の単なる記録ではない。何か書く価値がある折に書きつけられたものである。克明に記録された日記は、モンゴメリが作品を創造する際に有力な資料となった。彼女は日記を利用して自己の子ども時代へ舞い戻り、子ども独特の思考方法や感情にふれることができたのである。たとえば、『赤毛のアン』第八章に次のような一節がある。

「……トマスの小母さんのところにいたとき、ガラスの扉がついた本箱が居間に置いてあったの。本は一冊もなくて、小母さんはいちばん上等の瀬戸物や砂糖漬けをいれといたの――砂糖漬けがあるときにはね。一枚の扉はこわれていたの。トマスさんがいつかの晩、酔っぱらってこわしてしまったもんでね。でももう一枚のはなんともないのであたし、それにうつる自分の姿を、ガラス戸の向こうに住んでいるほかの女の子だということに想像して、ケティ・モーリスという名をつけて、とても仲よくしていたの。……」

「本箱の友達」のエピソードは、モンゴメリ自身の子ども時代の実話にもとづいており、そのことは一九〇五年三月二六日の日記に詳しく述べられている。彼女のメモ帳や日記は、まさに『赤毛のアン』創作のための備忘録の役割を果たしていたのである。

モンゴメリのこと

モンゴメリは一八七四年プリンス・エドワード島に生まれた。生後二一カ月で母親と死別し、母方の祖父母に養育された。教師、大学生、新聞記者兼校正係等を経験したのち、一九〇八年『赤毛のアン』の出版により、一躍有名となった。一九一一年、牧師マクドナルドと結婚。オンタリオ州でふたりの息子を養育しながら、母親、牧師の妻、作家として活躍する。『赤毛のアン』の続編をはじめ、『可愛いエミリー』（一九二三）、大人向けの小説『青い城』（一九二六）、詩集など、二〇冊以上の作品を著した。遺言により死後五〇年近く未公開であったモンゴメリの日記がオックスフォード大学出版局より出版され（全五巻、一九八五―二〇〇四）彼女の人生の実像が明らかになりつつある。

『めざめれば魔女』

マーガレット・マーヒー作／清水真砂子訳

青木由紀子

大人になることは魔女になること？

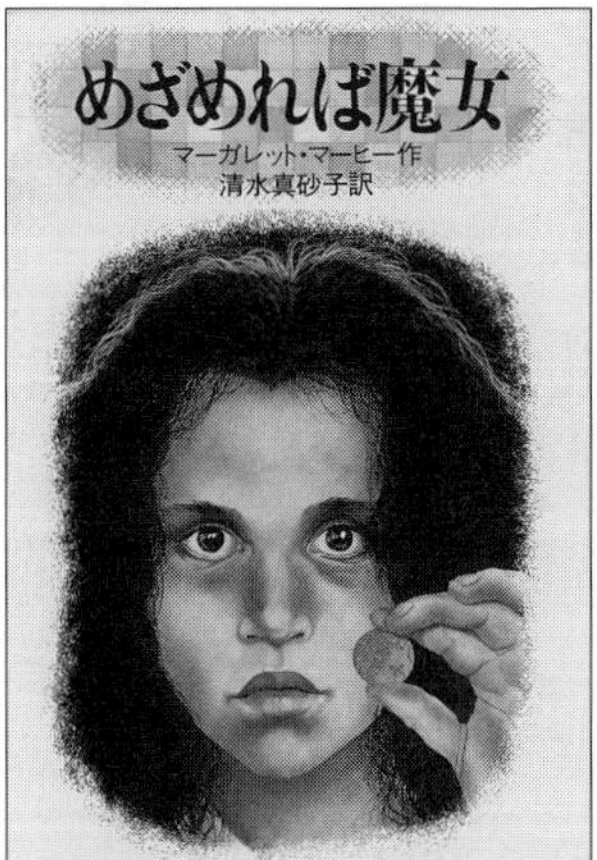

岩波書店，1989年（原書，1984年）

フィッシュ＆チップスと悪霊

『めざめれば魔女』の主人公ローラは一四歳、離婚した母ケイトと三歳になる弟のジャッコと三人で暮らしている。母は本屋の店長として働いているが、生活は苦しく、自動車のバッテリーの充電さえままならない状態だ。ある日ローラは、遅番の母親の代わりにジャッコをベビーシッターの家に迎えにいく。帰宅の途中見かけた風変わりな店に入ったふたりは、店主のカーモディ・ブラックという奇妙な老人に出会い、ジャッコは手の甲にこのブラックの顔のスタンプを押されてしまう。その晩ジャッコは原因不明の病気になるが、じつはカーモディ・ブラックは年老いた悪霊で、ジャッコにとりつき、その生気を吸い取りはじめていたのだ。ローラは弟を助けるために、学校の上級生の男の子で「魔女」であるソリー・カーライルに助けを求める……。

こうしてストーリーだけ追えば、悪霊や魔女などの超自然的な存在が登場し、いかにもファンタジーらしい物語と思われるかもしれない。しかし、八〇年代以降のファンタジーに共通して見られることだが、物語の背景となる世界は、私たちが毎日暮らしている現実そのものだ。ローラ親子は、母親が仕事で帰りが遅くなる木曜はいつも、夕食にテイクアウトのフィッシュ＆チップスを食べることになっている。メニューは多少違っても、これは私たちのよく知っている日常的な光景である。カーモディ・ブラックも、悪霊のくせに、郊外の高級住宅地に住んでおり、バラの剪定に精を出すその姿は、ただの嫌味なおじさんにしか見えない。

同じように現実の世界に魔法が持ちこまれる話でも、『砂の妖精』のようなエヴリデイ・マジックの作品は、魔法の力を限定的なものにすることで、現実の世界や日常性そのものが変わってしまうことを防いでいるのだが、『めざめれば魔女』に出てくる魔女や悪霊の力は非常に強く、限定的どころではない恐ろしいものだ。それでもこの強力な魔力が日常の現実とあまり抵触しないように思われるのは、マーヒーが魔法という超自然的な要素を使って、思春期の少女の大人への成長を描いていることによるのではないだろうか。

変身の物語

さて、この作品の原題は *The Changeover*（転換、変身）である。これは表面的には、弟の命を救うためにローラがソリーとソリーの母、祖母の力を借りて魔女に変身する儀式を指しているが、子どもから大人への変身という意味も当然こめられている。物語の冒頭で鏡を見ているローラの目に映る彼女の体は「遠目にはだいぶよくなってきた」と友だちに言われる体で、子どもから大人へと変わりつつある最中なのだ。ローラ自身まだこの体に違和感を感じていて、彼女の変化がまだ途中であることがわかる。

心理的にも、ローラはまだ大人になっていない。ローラは母と弟との暮らしに満足していて、ジャッコが病気になるのと相前後して現われた母ケイトの恋人候補を邪魔に思う一方、自分たちを捨てた父親をいまだに許していない。父親の恋人であり、現在は妻となっている女性を決して名前で呼ぼうとしないなど、その態度はかたくななものだ。これはローラが父親に対し、子どもである自分を捨てた裏切り者という見方しかできないためである。つまり、物語のはじまりで、ローラは両親を、〈子ども〉である自分にとっての〈母〉、〈父〉としか見られないのである。

しかし、ジャッコの入院によって、母子三人水入らずの、貧しいながらも安定した生活は覆され、母ケイトが病

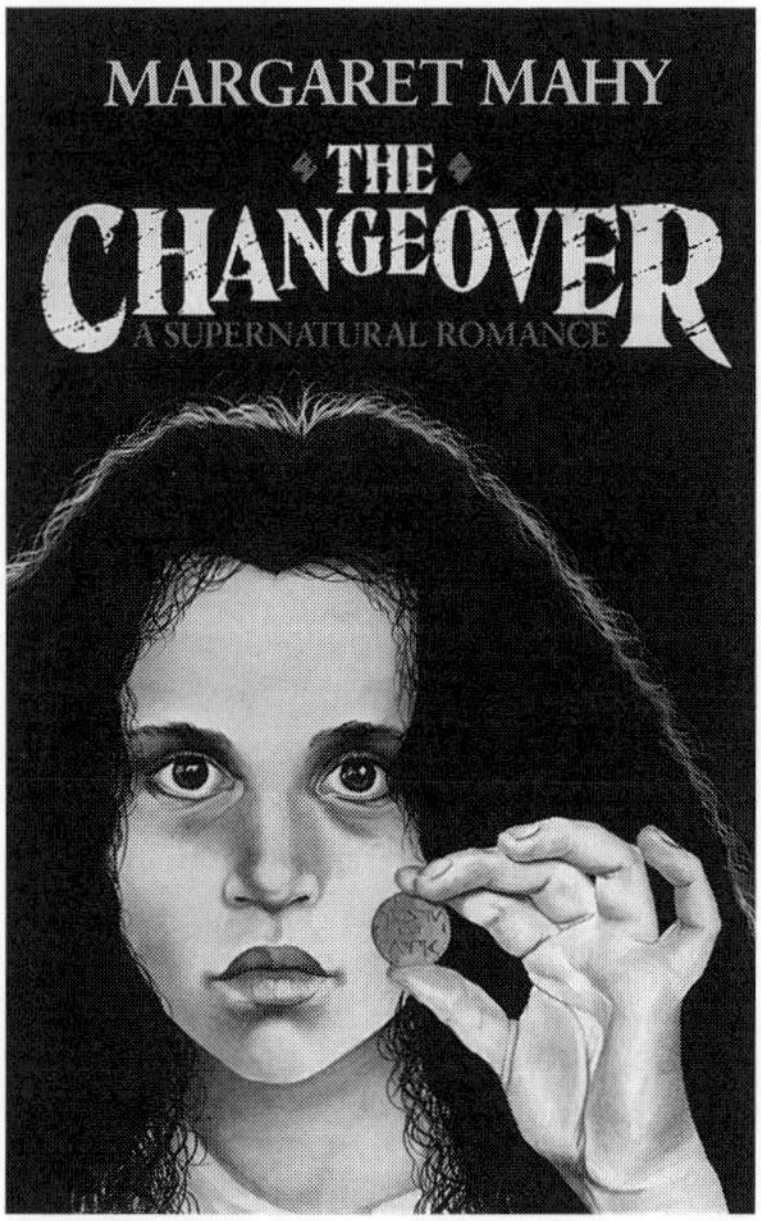

原書の表紙

院に泊まりこみ、ローラはカーライル家に泊まることになって、母と娘は空間的に引き離されることになる。同時に、気になる上級生でしかなかったソリー（彼は養家先で虐待され、超能力を使ってカーライル家に戻ってきたのだった）との関係も変わっていく。こうしてローラはその体の不安定さに見合うような心理的不安定さを経験することになり、これが〈子ども〉から〈大人〉への変身を促す一つのきっかけとなる。

変身の儀式――始源への旅

さて、ローラはソリーの祖母ウィンターに、悪霊を打ち負かし、ジャッコを救うためには、ローラ自身が魔女にならなければならない、と言われる。他に弟を救う方法がないと知ったローラは〈変身〉の秘儀を受け、魔女になる決心をする。

この儀式は典型的なイニシエーションの形式、すなわち象徴的な死と再生という形にのっとって描かれている。湯あみをし、体を浄めたローラはカーライル家の魔女たちのつくりだす幻想の世界に足を踏み入れるのだが、そのとたん「自分がたったひとりで、一寸先も見えない暗闇の中にいることに」気づく。ローラは太古の闇を、死を経験するのである。長い時間の後、やっと見えてきた光に導かれてローラは深い森のなかへ入っていく。初めのうち、その森には小人やお姫さまや赤ずきんなど、おとぎ話の登場人物が次から次へと姿を現わすが、次第にイバラが道を閉ざすようになり、ローラは苦しみながら道を切り開いて進む。この、森の奥へと分け入っていく旅は、ローラが生まれてこの方たどってきた——生きてきた道を逆向きにたどりなおし、自分自身の内奥へ、その始源へと、無意識を遡っていく過程である。ローラの変身は、こうしてたどりついた「始まりの土地」でなしとげられる。岩と石とむき出しの土だけのこの場所には大きな池があり、その池からふたつの水路が出ている。一方はローラが今通り抜けてきた森を潤している。もうひとつの水路は乾ききっており、その先にある森も枯れはてている。ローラは池の水が両方の水路に流れるよう水門の扉をずらし、それによって自分が変身したことを感じる。

注目すべきことは、ローラが水の流れをひとつの水路からもうひとつへと完全に切り替えてしまうのでなく、ふたつの森がともに水の恵みにあずかるよう、ふたつの水路に水を流したことである。水はここでは生のエネルギーを表していると考えていいだろう。したがって、自分が通ってきた森を潤す水を断つことなく、もうひとつの森と両方に水がいきわたるようにしたというのは、ローラが今まで通りの普通の人間であることをやめて魔女になりきってしまうのでなく、人間でありながら魔力をもつという道を選んだことを示している。この選択によってローラは、それまでの人生、家族との愛の交流によって培ってきた人間性を捨てることなく、新たな視力、洞察力を得ることができ、大人となる資格を手にしたと言えるのではないだろうか。変身を終え、魔女となったローラは悪霊ブラックとの対決に勝利し、弟の命を救っただけでなく、両親に対しても、個人としてのふたりの生き方を理解し、尊重できるようになったのである。

マーヒーについて

マーヒーは一九三六年ニュージーランドのワカタネに、橋を造る技術者の娘として生まれた。児童図書館員として長く働いた後、一九六九年に専業の作家となる。初めは絵本や低学年用の物語を書いていたが、八〇年代に入ってより高い年齢の読者を対象とした長編を書きはじめ、『足音がやってくる』（一九八二）と『めざめれば魔女』で二度カーネギー賞を受賞。他に『ゆがめられた記憶』（一九八九）、『地下脈系』（一九九〇）、『ヒーローのふたつの世界』（一九九五）などの作品がある。二〇〇六年春、国際アンデルセン大賞受賞。

『のっぽのサラ』

パトリシア・マクラクラン作／金原瑞人訳

横田順子

アメリカ、ある家族史の断面・美しき原風景

徳間書店，2003年（原書，1985年）

新聞広告で花嫁を募集する

一九世紀のアメリカ中西部に暮らすウィッティング一家の物語である。父親ジェイコブ、娘アンナ、息子ケイレブの三人家族で、母親はケイレブを出産した直後に亡くなっている。ある日、ジェイコブは、新聞に広告を載せた。自分の妻になってくれる人、そしてアンナとケイレブの母親になってくれる人を求むと。その広告に応募してきたのが、東部メイン州の海辺に住むサラ・フィートンである。彼女は、新しい環境で三人とうまく暮らせるかどうかを試すため、しばらくウィッティング家に滞在することになる。

新聞広告で花嫁を募るというエピソードは、作者パトリシア・マクラクランが子どものころに母親からよく聞いていた一族の実話を基にして生まれた。異なる文化、新しい家族の中に単身で飛び込んでいった人びとのこうした歴史の一片は、母親がよく「平凡な生活における英雄的行為」と呼んでいたものだという。

よみがえる家族の絆

物語は、アンナの視点で語られる。アンナは、生まれたばかりのケイレブについて「かわいくない」と言い放ったのが母親への最後の言葉になったことを、ずっと後悔している。

彼女はその罪悪感と喪失感を、サラを迎えることによって埋めようとする。いっぽうケイレブは、母親を知らない。「ママはいつも歌っていた」と聞いて育ったケイレブにとって、母親とは歌を歌ってくれる人だ。

サラは、色とりどりの花が咲きはじめる春にやってきた。黄色い帽子を被った彼女自身がまるで春をもたらす女神のように。とはいえ彼女は背が高く、美人でもない。女だてらに男物のオーバーオールを着て大工仕事をし、馬車にも一人で乗りたがる。しかしにっこり笑い、アンナの髪を編み、パンを焼き、なにより歌を歌ってくれる彼女を、三人は歓迎する。歌を聞かなくなって久しいこの家が、サラが三人に教えた「夏は遠からじ」の美しいハーモニーで満たされた時、新しい幸福な家族の誕生を予感させる。

この作品が温かさで包まれ、静かながらも力強い感動を呼ぶのは、人と人とがわかりあうことの本質を、さりげなく、しかししっかりと伝えているからではないだろうか。サラがメイン州から貝殻のお土産をもってくる、お互いが暮らしてきた場所に咲く花を教えあう、サラの作った料理をみんなで讃える。血縁や地縁にとらわれず、一人の人間としてお互いのことを好きになりたい、好きになってもらいたいという率直な思いが、日常の小さな出来事を通してストレートに相手に伝わり、素直に受け止められる。偏見や邪推や曲解が入り込む余地のない素朴な交流。これほど素晴らしく、また難しいものがあるだろうか。

美しい風景

しかし、アンナたちにはひとつの懸念があった。サラが故郷の海を恋しがり、ホームシックにかかる。もしかしたら実家に帰ってしまうのではないか？　読者も語り手アンナと一体になり、サラの表情や一言一句にハラハラどきどきしながら、彼女の本心を推し量って一喜一憂することになる。

サラが大草原の生活に自分の「海」を見出し、新しい環境を受け入れていく過程は、さまざまなイメージを使って象徴的に描かれている。たとえば彼女が砂浜を懐かしがると、ジェイコブはみんなを家畜小屋に連れていく。家畜小屋の横に干し草を積み、砂丘に見立て、みんなでてっぺんから滑り降りて遊ぶのだ。こうして干し草の山は、

大草原での暮らしを描いた『三つの名前』より

サラにとって「干し草でできたうちの砂浜」となる。またサラは、大好きな海の色「青と灰色と緑」を、四人が協力して乗り切った嵐の夜に見つけ出す。「メイン州にも、あらしがくるの。ちょうど、こんなふうだわ。」そして翌朝、雹が朝日に照らされて見渡すかぎり白く輝く大草原は、まるで大海原のようだった。物語の終盤、町へ行ったサラが青と灰色と緑の色鉛筆を買って帰ってきたことは、彼女が新たな故郷としてウィッティング家に根を下ろすことを意味している。

　大草原と海のイメージの重なりあいによる表現は詩的で美しく、シンプルである。原書でいうとわずか六〇ページ弱の短い物語の中に、一家族の形成というダイナミックなテーマを込めることができたのは、これらシンボルの力のおかげだろう。同時に、これは単に一家族の物語のみならず、異文化の衝突と融和を繰り返して変化してきたアメリカのひとつの理想的な祖型を表したものでもある。

マクラクランの原風景

　ウィッティング家の家族史は、サラとジェイコブの新しい子どもたちやジェイコブの父親を迎えて、続編『草原のサラ』（一九九四）、『ケイレブの日記』（二〇〇一）、『月よりも完ぺきな』（二〇〇四）で綴られていく。

　しかしこれは、同時にマクラクラン自身の原風景ともいえるだろう。彼女は一九三八年、ワイオミング州の大草原で生まれ、幼年期をそこで過ごした。中学校の英語教師を経て、一九七九年、絵本『病気の日』で作家としてデビュー。『のっぽのサラ』でニューベリー賞を受賞する。『わたしさがしのかくれんぼ』（一九八二）、『ふたつめのほんと』（一九八八）、『潮風のおくりもの』（一九九三）など現代の子どもたちの繊細な心の機微を巧みにすくいとった作品で高い評価を得るいっぽう、『三つの名前』（一九九一）、『愛のあふれるところ』（一九九四）、『人生の最初の思い出』（一九九五）など家族のルーツを辿るような大草原を舞台とした絵本もある。また近年では、娘エミリーと共作もしている。

もうひとつのドラマ

『のっぽのサラ』は、一九九一年、ホールマーク社によりテレビドラマ化された（日本でのタイトルは『潮風のサラ』）。主演は、グレン・クローズとクリストファー・ウォーケンである。マクラクラン自身も脚本執筆に参加した。短い原作を約二時間のドラマにしなければならないためエピソードが膨らまされ、死んだ妻／母親キャサリンを忘れられないジェイコブとアンナの葛藤も描かれている。原作には書かれなかったサラを迎えるにあたってのウィッティング家の人々のネガティブな思いは、作品に、より写実的な趣を与えている。似て非なる、もうひとつの『のっぽのサラ』といえるだろう。

コラム⑤

父と娘――おままごとの力

少女小説の中には、母亡き後、娘が家政をとりつつ父との関係を構築する作品が複数あるが、母が存命の時は、まだ「おままごと」的な経験となる。たとえばオールコットは自分自身の経験を元に、家父長制の時代に父から評価されることをめざす姉妹を『若草物語』（一八六八）で描いている。父が期待したのは、留守の間に娘たちがおのれを磨き、欠点を克服して「小さな婦人」になることだった。その先に待つのは、家の切り盛りを上手にする家庭の天使であろう。この作品では母マーチ夫人が役割モデルとなっている。

『若草物語』から約七〇年後に出版されたモンゴメリの『丘の家のジェーン』（一九三七）の場合は、「おままごと」が少女の成長に与える方向性がかなり違っていて興味深い。裕福な祖母のトロントの家で母や独身のおばと暮らすジェーンは、父は死んだと思っていた。ところが突然父から招待状が届き、プリンス・エドワード島で夏を過ごすことになる。祖母はジェーンに愛情を示さないのだが、その理由は、溺愛する娘（ジェーンの母）を一時奪った憎い男性の子どもだからであった。母はジェーンを愛しているが、性格が弱く、自分の母（ジェーンの祖母）に立ち向かうことができない。ジェーンは母を苦しめる原因を作った父を憎いと思いながら、やむなく島へ向かった。

おとなしいジェーンは、周囲から不器用で頭が悪いと思われていた。専横的な祖母におびえ、自信をもてなかったのだ。ところが父とはうまが合い、好きになる。父もまたジェーンがだめな子だとは思わず、一人前に扱う。下宿暮らしをやめ、一緒に買った家の切り盛りをジェーンにまかせるのだ。

父は、ジェーンが女の子だから切り盛りができると決めこんでいたのだろうか。一一歳の子にやらせるとはずいぶん大胆な話である。同じことは経験もないのに料理を引き受けたジェーンにもいえる。こうして一軒家を舞台にした究極の「おままごと」がはじまる。ジェーンは美しいガラス製品やディナー用の食器、銀製品、キルトの布団などを喜んで使う。でも母もトロントへ戻るまではこれらを使って家を切り盛りしていたのだと気づき、両親が不仲になった事情に興味をもつ。

ジェーンは祖母の目を逃れ、島でさぞ開放感を味わったことだろう。同年代の地元の子どもとも仲良くなり、奪われていた子どもの時間を謳歌している。また家事では、人の役にたてることで自信をもち、上達することで喜びを味わっている。センスがあるとはいえ慣れない家事で失敗もするが、ジェーンはすべてを別天地での冒険として受け止めている。

だが、ジェーンの出現を本心では歓迎していなかったのが、父の姉アイリーンだ。父のためにおままごとをして遊んでいると、ジェーンをばかにする。うわべは愛想の良いおばが、来るたびに我が物顔で家を切り回すことに腹を立てたジェーンは、自分より世間知らずの母もまた、かつておばに苦しめられたはずだと気づく。洞察力が鋭く、大人びているジェーンは、責任をもって家を経営することが、権力を手中にすることだとわかったのではないか。その経験を武器に、祖母やアイリーンに立ち向かえる精神的な強さを身につけている。おままごとは文字通り少女たちのシミュレーションの場なのだ。

「子どもが大人を救う」ことや、両親がよりを戻すなど、筋の展開に甘さもあるが、ジェーンの八面六臂の活躍はさわやかで、いやな大人を出し抜くことに快哉を叫びたくなる。娘に両親それぞれの欠点を直視させることを含め、人間描写に現代性も感じられ、私のお気に入りの物語のひとつだ。

（西村醇子）

あとがき

この『英米児童文学のベストセラー40』を書いたのは、主に大学教員や翻訳家といった英米児童文学の研究者たちです。しかし学術論文のように物語を分析するのではなく、読んで「感じた」ことを率直に、真剣に、そして楽しみながら、物語の個性をエッセイにまとめてみました。

英米児童文学の魅力を、どちらかというと一読者の目で読み取ろうとするこの試みは、振り返ってみると、そもそもなぜ私たちが職業としてこの道を選んだのかという原点を見つめ直すことでもあったように思えます。もちろん英米児童文学が「面白いから」というのが、最初の単純で強力な動機です。それがどういうわけか、個人的な喜びにとどまらず、家族、友人、さらには初めて出会う人々とも分かち合いたいという夢に向かって走り出し、今日に至ったというわけです。ジョージ・マクドナルドの『北風のうしろの国』（一八七一）の中で、妖精〈北風〉は、「詩人とは、何かに喜びを感じていて、他の人々にもそれに喜びを感じてもらおうとする人」であると言っています。私たちは（一部の執筆者の他は）詩人ではありませんが、気持ちとしては〈北風〉のことばに倣う者でありたいと願っております。このたび『英米児童文学のベストセラー40』で、詩ならぬエッセイの形でその「喜び」を表現し、その実感をふだんとは違った角度から再確認できたことを、たいへん嬉しく思います。

英米児童文学のより学術的な分析や文学史に興味のある方には、ミネルヴァ書房刊行の関連書籍、『たのしく読める英米児童文学』、『はじめて学ぶ英米児童文学史』、『英米児童文学の宇宙』、『英米児童文学の黄金時代』をぜひお勧めしたいと思います。

また、英語圏の絵本に興味があり、やわらかなエッセイ形式でその魅力に触れてみたい方には、姉妹編『英米絵本のベストセラー40』を手にとっていただければ幸いです。

最後になりましたが、作品からの引用と表紙・挿絵の使用をご許可くださった出版社各位、エッセイの執筆に加え編集協力の労をとってくださった高田賢一先生と灰島かり先生、そしてミネルヴァ書房編集部の河野菜穂さんに、この場をお借りして心から感謝申し上げます。本書の企画から刊行にいたるまで、当初の予定を大幅に上回る年月がかかってしまい、編者として早くから原稿をお寄せいただきました執筆者の皆様方に申し訳なく思っております。併せて、ご協力とご忍耐に心から感謝申し上げます。

二〇〇九年四月一日

編　者

英米絵本のベストセラー40

―心に残る名作

編著者◆灰島かり
編集協力◆髙田賢一/成瀬俊一

A５判美装カバー　本体1800円(税別)

なんども読みたい、読みかえすたびに新しい
各作品の魅力と面白さを軽妙な語り口で綴った宝箱

〈収録の40作品〉
『げんきなマドレーヌ』／『かいじゅうたちのいるところ』／『あおくんときいろちゃん』／『ゆきのひ』／『チムとゆうかんなせんちょうさん』／『ぼくはおこった』／『オリビア』／『ルピナスさん――小さなおばあさんのお話』／『はらぺこあおむし』／『はなをくんくん』／『ピーターラビットのおはなし』／『ロージーの　おさんぽ』／『ねこのオーランドー』／『三びきのやぎのがらがらどん』／『月夜のみみずく』／『おやすみなさいおつきさま』／『窓の下で』／『おどる12人のおひめさま』／『すきですゴリラ』／『急行「北極号」』／『もりのなか』／『かようびのよる』／『スノーマン』／『すばらしいとき』／『はなのすきなうし』／『かあさんのいす』／『わすれられないおくりもの』／『神の道化師』／『ちいさいおうち』／『ゆうびんやのくまさん』／『おじいちゃん』／『悲しい本』／『3びきのかわいいオオカミ』／『くまのコールテンくん』／『すてきな三にんぐみ』／『ブライアン・ワイルドスミスのABC』／『マドレンカのいぬ』／『しろいうさぎとくろいうさぎ』／『よあけ』／『100まんびきのねこ』

ミネルヴァ書房
http://www.minervashobo.co.jp/

〈編著者紹介〉

成　瀬　俊　一（なるせ・しゅんいち）

青山学院女子短期大学講師

著　書　『英米児童文学の黄金時代』（共編著）ミネルヴァ書房，2005年。
『指輪物語』〈シリーズ・もっと知りたい名作の世界〉（編著）ミネルヴァ書房，2007年。

訳　書　コリン・ドゥーリエ『ナルニア国フィールドガイド』（共訳）東洋書林，2006年。
ジェリー・ボウラー『図説クリスマス百科事典』（共編訳）柊風舎，2007年。

英米児童文学のベストセラー40
──心に残る名作──

2009年6月10日　初版第1刷発行　　〈検印省略〉
2011年1月30日　初版第2刷発行

定価はカバーに
表示しています

編著者　成　瀬　俊　一
発行者　杉　田　啓　三
印刷者　江　戸　宏　介

発行所　株式会社　ミネルヴァ書房

607-8494 京都市山科区日ノ岡堤谷町1
電話代表 075-581-5191番
振替口座 01020-0-8076番

© 成瀬俊一，2009

共同印刷工業・清水製本

ISBN978-4-623-04772-73

Printed in Japan

〈執筆者・担当作品紹介〉（五十音順，＊印は編著者，†印は編集協力者）

青木由紀子（あおき・ゆきこ）
和洋女子大学教授
『お姫さまとゴブリンの物語』
『めざめれば魔女』

安藤　聡（あんどう・さとし）
大妻女子大学教授
『くまのパディントン』
〈ナルニア国ものがたり〉『ライオンと魔女』

井辻朱美（いつじ・あけみ）
白百合女子大学教授
『オズのふしぎな魔法使い』
『ホビットの冒険』
『ハリー・ポッターと賢者の石』

小野俊太郎（おの・しゅんたろう）
成蹊大学講師
『ツバメ号とアマゾン号』
〈ゲド戦記〉『影との戦い』
『フランダースの犬』

甲斐淳子（かい・じゅんこ）
小児歯科医
『マチルダは小さな大天才』
『ふたりはともだち』

桂　宥子（かつら・ゆうこ）
岡山県立大学教授
『不思議の国のアリス』
『赤毛のアン』

川端有子（かわばた・ありこ）
愛知県立大学教授
『ピーター・パン』
『秘密の花園』
コラム②

さくまゆみこ
翻訳家・玉川大学大学院講師
『グリーン・ノウの子どもたち』
『シャーロットのおくりもの』

笹田裕子（ささだ・ひろこ）
清泉女子大学准教授
『クマのプーさん』
『人形の家』

白井澄子（しらい・すみこ）
白百合女子大学教授
『大きな森の小さな家』
『豚の死なない日』

†髙田賢一（たかだ・けんいち）
青山学院大学教授
『若草物語』
『少女ポリアンナ』
コラム③

滝川秀子（たきかわ・ひでこ）
青山学院大学・同女子短期大学元講師
『たのしい川べ』
『あしながおじさん』

田中美保子（たなか・みほこ）
東京女子大学准教授
『トムは真夜中の庭で』
〈ライラの冒険〉『黄金の羅針盤』
コラム①

＊成瀬俊一（なるせ・しゅんいち）
青山学院女子短期大学講師
『砂の妖精』
『トム・ソーヤーの冒険』
コラム④

西村醇子（にしむら・じゅんこ）
白百合女子大学・フェリス女学院大学講師
『床下の小人たち』
『エルマーのぼうけん』
コラム⑤

†灰島かり（はいじま・かり）
翻訳家・白百合女子大学講師
『風にのってきたメアリー・ポピンズ』
『ウィーツィ・バット』

百々佑利子（もも・ゆりこ）
児童文学者
『クローディアの秘密』
『穴』

横川寿美子（よこかわ・すみこ）
帝塚山学院大学教授
『スタンド・バイ・ミー』
『青いイルカの島』

横田順子（よこた・じゅんこ）
白百合女子大学講師
『テラビシアにかける橋』
『のっぽのサラ』

人名索引

ア 行

ウィーダ（Ouida）……110, 114, 117
ウィギン，ケイト・ダグラス（Kate Douglas Wiggin）……161
ウィリアムズ，ガース（Garth Williams）……89
ウェブスター，ジーン（Jean Webster）……154, 157
エッツ，マリー・ホール（Marie Hall Ets）……110, 111
オールコット，ルイザ・メイ（Louisa May Alcott）……150, 151, 153, 178
オデル，スコット（Scott O'Dell）……94, 97, 110

カ 行

ガネット，ルース・スタイルス（Ruth Stiles Gannett）……30, 33
キップリング，ラドヤード（Rudyard Kipling）……54, 110
キャロル，ルイス（Lewis Carroll）……2, 3, 5, 74, 75, 121, 146
キング，スティーヴン（Stephen King）……66, 69
クーリッジ，スーザン（Susan Coolidge）……161
クラッシュ，ジョー（Joe Krush）／クラッシュ，ベス（Beth Krush）……16
グレーアム，ケネス（Kenneth Grahame）……31, 52, 78, 80, 81, 110
ケストナー，エーリヒ（Erich Kästner）……139
ゴッデン，ルーマー（Rumer Godden）……126, 129

サ 行

シェイクスピア，ウィリアム（William Shakespeare）……36, 38
ジェフリーズ，リチャード（Richard Jefferies）……85
シェパード，メアリー（Mary Shepard）……12
シューエル，ヘレン（Helen Sewell）……89
ジョーンズ，ダイアナ・ウィン（Diana Wynne Jones）……16
スティーヴンソン，R. L.（Robert Louis Stevenson）……85
センダック，モーリス（Maurice Sendak）……32
ソロー，H. D.（Henry David Thoreau）……110

タ 行

ダール，ロアルド（Roald Dahl）……54-57, 74, 75

ディケンズ，チャールズ（Charles Dickens）…… 54
テニエル，ジョン（John Tenniel）…… 3
デンズロウ，W. W.（William Wallace Denslow）…… 29
トウェイン，マーク（Mark Twain）…… 58, 110, 157
トールキン，J. R. R.（John Ronald Reuel Tolkien）…… 121-123, 125, 132, 133, 136, 145
ドジソン，チャールズ・ラトウィッジ（Charles Lutwidge Dodgson）→キャロル，ルイス
トラヴァース，P. L.（Pamela Lyndon Travers）…… 10, 13

ナ 行

ネズビット，E.（Edith Nesbit）…… 31, 42, 45, 75
ノートン，メアリー（Mary Norton）…… 14, 17

ハ 行

バートン，ティム（Tim Burton）…… 55, 110
バーネット，フランシス・ホジソン（Frances Hodgson Burnett）…… 74, 75, 90, 93, 110, 161
パターソン，キャサリン（Katherine Paterson）…… 34, 36, 37
バニヤン，ジョン（John Bunyan）…… 152
バランタイン，R. M.（Robert Michael Ballantyne）…… 85
バリ，ジェイムズ・M.（James Matthew Barrie）…… 46, 49, 74, 75
バンベリー，フレッド（Fred Banbery）…… 50
ピアス，フィリパ（Philippa Pearce）…… 22-25
ヒントン，S. E.（Susan Eloise Hinton）…… 98
フォートナム，ペギー（Peggy Fortnum）…… 50
プルマン，フィリップ（Philip Pullman）…… 134-137
ブレイク，クエンティン（Quentin Blake）…… 56
ブロック，フランチェスカ・リア（Francesca Lia Block）…… 162
ペック，ロバート・ニュートン（Robert Newton Peck）…… 106, 109
ホーガン，P. J.（Paul John Hogan）…… 48
ポーター，エリナー（Eleanor Porter）…… 158, 161
ボーム，ライマン・フランク（Lyman Frank Baum）…… 26-29, 110, 161
ボストン，ピーター（Peter Boston）…… 19, 21
ボストン，ルーシー・M.（Lucy Maria Boston）…… 18, 19, 21
ポター，ビアトリクス（Beatrix Potter）…… 74
ホワイト，E. B.（Elwyn Brooks White）…… 98, 99, 101, 110
ボンド，マイケル（Michael Bond）…… 50, 53

マ 行

マーヒー，マーガレット（Margaret Mahy）……170, 171, 173
マクドナルド，ジョージ（George MacDonald）……118, 121
マクラクラン，パトリシア（Patricia MacLachlan）……174, 176, 177
マッキー，デイヴィッド（David McKee）……50
マックロスキー，ロバート（Robert McClosky）……110
宮沢賢治……38
ミルン，A. A.（Alan Alexander Milne）……6, 7, 9, 32, 81, 110
メルヴィル，ハーマン（Herman Melville）……36
モンゴメリ，ルーシー・モード（Lucy Maud Montgomery）……166–169, 178

ラ 行

ラスキン，ジョン（John Ruskin）……121
ラメー，マリー・ルイズ・ド・ラ（Marie Louise de la Ramée）→ウィーダ
ランサム，アーサー（Arthur Ransome）……82, 85
ルイス，C. S.（Clive Staples Lewis）……36, 120, 121, 130–133
ルーカス，ジョージ（George Lucas）……125, 144
ル＝グウィン，アーシュラ・K.（Ursla Kroeber Le Guin）……142, 144, 145
ローベル，アーノルド（Arnold Lobel）……102, 103, 105
ローベル，アニタ（Anita Lobel）……105
ローリング，J. K.（Joanne Kathleen Rowling）……138, 141
ロバン，ジョン（John Lobban）……50
ロフティング，ヒュー（Hugh Lofting）……85

ワ 行

ワーズワース，ウィリアム（William Wordsworth）……82
ワイルダー，ローラ・インガルス（Laura Ingalls Wilder）……86–89, 98, 110

作品名索引

ア　行

〈アースシー〉シリーズ→〈ゲド戦記〉
『アースシーの風』(*The Other Wind*, 2001) …… 145
『愛のあふれるところ』(*All the Places to Love*, 1994) …… 177
『愛のアレゴリー』(*The Allegory of Love: A Study in Medieval Tradition*, 1936) …… 133
『アウトサイダー』(*The Outsiders*, 1967) …… 98
『青いイルカの島』(*Island of the Blue Dolphins*, 1960) …… 94, 97, 110, 111
『青い城』(*The Blue Castle*, 1926) …… 169
『赤毛のアン』(*Anne of Green Gables*, 1908) …… 161, 166–169
『悪魔の手紙』(*The Screwtape Letters*, 1942) …… 133
『朝びらき丸 東の海へ』(*The Voyage of the Dawn Treader*, 1952) …… 130
『あしながおじさん』(*Daddy-Long-Legs*, 1912) …… 154, 156, 157
『あなたに似た人』(*Someone Like You*, 1953) …… 55
『アニー』漫画 (*Little Orphan Annie*, 1924-) …… 161
『アンクル・トムの小屋』(*Uncle Tom's Cabin*, 1853) …… 75
『アンナの赤いオーバー』(*A New Coat for Anna*, 1988) …… 105
『意地っぱりのおばかさん』(*Perverse and Foolish: A Memoir of Childhood and Youth*, 1979) …… 21
『痛みの問題』(*The Problem of Pain*, 1940) …… 133
『ウィーツィ・バット』(*Weetzie Bat*, 1989) …… 162, 164, 165
『ウィズ』ミュージカル (*The Wiz*, 1975) …… 29
『馬と少年』(*The Horse and His Boy*, 1954) …… 130
『海のたまご』(*The Sea Egg*, 1967) …… 21
『海は知っていた――ルイーズの青春』(*Jacob Have I Loved*, 1980) …… 37
『エルマーと十六ぴきのりゅう』(*The Dragons of Blueland*, 1951) …… 30
『エルマーとりゅう』(*Elmer and the Dragon*, 1950) …… 30, 32
『エルマーのぼうけん』(*My Father's Dragon*, 1948) …… 30
『黄金時代』(*The Golden Age*, 1895) …… 81
『黄金の鍵』(*The Golden Key*, 1867) …… 121
『黄金の羅針盤』(*The Golden Compass*, 1995) …… 134, 137
『大きな森の小さな家』(*Little House in the Big Woods*, 1933) …… 86, 87
『丘の家のジェーン』(*Jane of Lantern Hill*, 1937) …… 178
『小川は川へ，川は海へ』(*Streams to River, River to the Sea: A Novel of Sacagawea*, 1986) …… 97

『お幸さんとお花さん』（*Miss Happiness and Miss Flower*, 1961）……… *129*
『オズ』映画（*Return to Oz*, 1985）……… *29*
〈オズ〉シリーズ（The Oz Series, 14 vols., 1900-1920）……… *29*
『オズのふしぎな魔法使い』（*The Wonderful Wizard of Oz*, 1900）……… *26, 29, 110, 161*
『オズの魔法使い』→『オズのふしぎな魔法使い』
『おちゃめなパッティ大学に行く』（*When Patty Went to College*, 1903）……… *157*
『おばけ桃が行く』（*James and the Giant Peach*, 1961）……… *55*
『おひとよしのりゅう』（*The Reluctant Dragon*, 1898）……… *31*
『お姫さまとゴブリンの物語』（*The Princess and the Goblin*, 1872）……… *118, 120, 121*
『オ・ヤサシ 巨人BFG』（*The BFG*, 1982）……… *56*

カ 行

『カーディとお姫様の物語』（*The Princess and Curdie*, 1883）……… *120, 121*
『かいじゅうたちのいるところ』（*Where the Wild Things Are*, 1963）……… *32*
『鏡の国のアリス』（*Through the Looking-Glass, and What Alice Found There*, 1871）……… *5*
『影との戦い』（*A Wizard of Earthsea*, 1968）……… *142*
『カスピアン王子のつのぶえ』（*Prince Caspian: The Return to Narnia*, 1951）……… *130, 133*
『風にのってきたメアリー・ポピンズ』（*Mary Poppins*, 1934）……… *10, 11*
『蚊とんぼスミス』→『あしながおじさん』
『かもさんおとおり』（*Make Way for Ducklings*, 1941）……… *110*
『ガラスの家族』（*The Great Gilly Hopkins*, 1978）……… *37*
『可愛いエミリー』（*Emily of New Moon*, 1923）……… *169*
『川べのちいさなモグラ紳士』（*The Little Gentleman*, 2004）……… *23-25*
『キス・キス』（*Kiss Kiss*, 1960）……… *55*
『奇跡論』（*Miracles: A Preliminary Study*, 1947）……… *133*
『北風のうしろの国』（*At the Back of the North Wind*, 1871）……… *121*
『気まぐれ』（*Moods*, 1864）……… *153*
『キャリー』（*Carrie*, 1974）……… *69*
『恐怖の四季』（*Different Seasons*, 1982）→『スタンド・バイ・ミー』
『極北の光』（*Northern Lights*, 1995）→『黄金の羅針盤』
『禁じられた遊び』仏・映画（*Jeux interdits*, 1952）……… *35*
『銀のいす』（*The Silver Chair*, 1953）……… *130*
『くまのパディントン』（*A Bear Called Paddington*, 1958）……… *50*
『クマのプーさん』（*Winnie-the-Pooh*, 1926）……… *6, 9, 32, 81, 110*
『クマのプーさんとぼく』（*Now We Are Six*, 1927）……… *9*

〈グリーン・ノウ〉シリーズ（The Green Knowe Series, 6 vols., 1954-1976）…………………… 21
『グリーン・ノウの石』（*The Stones of Green Knowe*, 1976）………………………………… 21
『グリーン・ノウの煙突』（*The Chimneys of Green Knowe*, 1958）…………………………… 21
『グリーン・ノウのお客さま』（*A Stranger at Green Knowe*, 1961）………………………… 21
『グリーン・ノウの川』（*The River at Green Knowe*, 1959）………………………………… 21
『グリーン・ノウの子どもたち』（*The Children of Green Knowe*, 1954）…………………… 18, 130
『グリーン・ノウの魔女』（*An Enemy at Green Knowe*, 1964）……………………………… 21
『クリストファー・ロビンのうた』（*When We Were Very Young*, 1924）………………………9
『ケイレブの日記』（*Caleb's Story*, 2001）……………………………………………… 176
〈ゲド戦記〉（The Earthsea Cycle, 5 vols., 1968-2001）……………………………… 142, 145
『こどもの情景』（*A Gallery of Children*, 1925）……………………………………………9
『この黄金の日々』（These Happy Golden Years, 1943）…………………………………… 89
『琥珀の望遠鏡』（*The Amber Spyglass*, 2000）……………………………………… 137
『こわがってるのはだれ？』（*Who's Afraid ? and Other Strange Stories*, 1986）………………… 25
『こわれた腕環』（*The Tombs of Atuan*, 1971）……………………………………… 142, 145

サ 行

〈サーズデイ〉シリーズ（The Thursday Series, 4 vols., 1966-1971）……………………………… 53
『さいごの戦い』（*The Last Battle*, 1956）……………………………………………… 130
『さいはての島へ』（*The Farthest Shore*, 1972）……………………………………… 142
『三国志』中（『三国志演義』, 14C）……………………………………………………… 125
『珊瑚島』（*The Coral Island*, 1857）……………………………………………………… 85
『潮風のおくりもの』（*Baby*, 1993）……………………………………………………… 177
『仕事』（*Work: A Story of Experience*, 1873）……………………………………………… 153
『「失楽園」序説』（*A Preface to Paradise Lost*, 1942）…………………………………… 133
『シャーロットのおくりもの』（*Charlotte's Web*, 1952）………………………… 98, 101, 110, 111
『ジャイアント・ピーチ』映画（*James and the Giant Peach*, 1996）……………………… 55
『シャイニング』（*The Shining*, 1977）………………………………………………… 69
『ジャングル・ブック』（*The Jungle Book*, 1894）……………………………………… 110
『十六世紀英文学（演劇を除く）』（*English Literature in the Sixteenth Century Excluding Drama*, 1954）…………………………………………………………………… 133
『小公子』（*Little Lord Fauntleroy*, 1886）……………………………………………… 90
『小公女』（*A Little Princess*, 1905）……………………………………………… 75, 90, 161
『少女ポリアンナ』（*Pollyanna*, 1913）……………………………………………… 158
『少女レベッカ』（*Rebecca of Sunnybrook Farm*, 1903）…………………………………… 161

『少年』(*Boy: Tales of Childhood*, 1984) ……55, 56, 74
『所有せざる人々』(*The Dispossessed*, 1974) ……145
『シルヴィーとブルーノ』(*Sylvie and Bruno*, 1889) ……5
『シルマリルの物語』(*The Silmarillion*, 1977) ……122
『人生の最初の思い出』(*What You Know First*, 1995) ……177
『シンデレラ』仏 (*Cendrillon ou la petite pantoufle de verre*, 1697) ……156
『神秘の短剣』(*The Subtle Knife*, 1997) ……137
『スー姉さん』(*Sister Sue*, 1921) ……161
『スープ』(*Soup*, 1974) ……109
『スターウォーズ』映画 (*Star Wars, 6 episodes*, 1977-2005) ……125, 144
『スタンド・バイ・ミー』("The Body" in *Different Seasons*, 1982) ……66, 69
『スチュアートの大ぼうけん』(*Stuart Little*, 1945) ……101
『すてきなケティ』(*What Katy Did*, 1872) ……161
『スナーク狩り』(*The Hunting of the Snark (An Agony in 8 Fits)*, 1874) ……5
『砂の妖精』(*Five Children and It*, 1902) ……42, 44, 45, 171
聖書 ……109, 120, 121, 153
『草原のサラ』(*Skylark*, 1994) ……176

タ 行

〈大きな森の小さな家〉シリーズ (The Little House Series, 11 vols., 1932-1974) ……86, 89, 98, 110
『台所のマリア様』(*The Kitchen Madonna*, 1967) ……129
『宝さがしの子どもたち』(*The Story of the Treasure Seekers*, 1899) ……45, 75
『宝島』(*Treasure Island*, 1883) ……85
『たのしい川べ』(*The Wind in the Willows*, 1908) ……52, 78, 81, 110
『ちいさいおうち』(*The Little House*, 1942) ……110, 111
『地下脈系』(*Underrunners*, 1990) ……173
『チャーリーとチョコレート工場』映画 (*Charlie and the Chocolate Factory*, 2005) ……55
『チョコレート工場の秘密』(*Charlie and the Chocolate Factory*, 1964) ……55
『月よりも完ぺきな』(*More Perfect than the Moon*, 2004) ……176
『ツバメ号とアマゾン号』(*Swallows and Amazons*, 1930) ……82, 85
『ディア・エネミィ』(*Dear Enemy*, 1915) ……156, 157
『ディダコイ』(*The Diddakoi*, 1972) ……129
『テラビシアにかける橋』(*Bridge to Terabithia*, 1977) ……34, 37
『天路歴程』(*The Pilgrim's Progress*, part one 1678, part two 1684) ……152
『トウシューズ』(*Listen to the Nightingale*, 1992) ……129

『飛ぶ教室』独（*Das fliegende Klassenzimmer*, 1933）……………… 139
『トム・ソーヤーの冒険』（*The Adventures of Tom Sawyer*, 1878）……………… 58, 74, 110
『トムは真夜中の庭で』（*Tom's Midnight Garden*, 1958）……………… 22–25, 130
〈ドリトル先生〉シリーズ（The Doctor Dolittle Series, 12 vols., 1920–1952）……………… 85

ナ 行

『ナボホの歌』（*Sing Down the Moon*, 1970）……………… 97
〈ナルニア国ものがたり〉（The Chronicles of Narnia, 7 vols., 1950–1956）……………… 36, 130, 133
『人形の家』（*The Doll's House*, 1947）……………… 126, 129
『ねずみ女房』（*The Mousewife*, 1951）……………… 129
『のっぽのサラ』（*Sarah, Plain and Tall*, 1985）……………… 174, 177
『呪われた町』（*'Salem's Lot*, 1975）……………… 69

ハ 行

『白鯨』（*Moby-Dick*, 1851）……………… 36
『白鳥のトランペット』（*The Trumpet of the Swan*, 1970）……………… 101
〈パディントン〉シリーズ（The Paddington Bear Series, 15 vols., 1958–2008）……………… 53
『ハムレット』（*Hamlet*, 1600–01 ?）……………… 36
『ハヤ号セイ川をいく』（*Minnow on the Say*, 1955）……………… 23, 25
〈ハリー・ポッター〉シリーズ（The Harry Potter Series, 7 vols., 1997–2007）……………… 98, 139
『ハリー・ポッターと賢者の石』（*Harry Potter and the Philosopher's Stone*, 1997）……………… 25, 138, 147
『ハリー・ポッターと死の秘宝』（*Harry Potter and the Deathly Hallows*, 2007）……………… 141
『春と修羅』日（『春と修羅』, 1922）……………… 39
『バレエダンサー』（*Thursday's Children*, 1984）……………… 129
〈パンプルムース氏〉シリーズ（The Monsieur Pamplemousse Series, 16 vols. 1983–2007）……………… 53
『ビーヴィス』（*Bevis: the Story of a Boy*, 1882）……………… 85
『ピーター・パン』（*Peter and Wendy*, 1911）……………… 39, 46, 49
〈ピーターラビット〉シリーズ（The Peter Rabbit Series, 24 vols., 1902–1930）……………… 110
『ヒーローのふたつの世界』（*The Other Side of Silence*, 1995）……………… 173
『ヒキガエル屋敷のヒキガエル』（*Toad of Toad Hall*, 1929）……………… 81
『批評における一つの実験』（*An Experiment in Criticism*, 1961）……………… 133
『秘密の花園』（*The Secret Garden*, 1909）……………… 23, 90, 110
『病院スケッチ』（*Hospital Sketches*, 1863）……………… 153
『病気の日』（*The Sick Day*, 1979）……………… 177
『ファイアスターター』（*Firestarter*, 1980）……………… 69

『ファンタステス』(*Phantastes*, 1858) ………… 121
『不意なる歓び』(*Surprised by Joy: The Shape of My Early Life*, 1955) ………… 133
『プー横丁にたった家』(*The House at Pooh Corner*, 1928) ………… 9
『フェアリーテイル』映画 (*Fairy Tale: A True Story*, 1997) ………… 38
『ふくろうくん』(*Owl at Home*, 1975) ………… 105
『不思議の国のアリス』(*Alice's Adventures in Wonderland*, 1865) ………… 2-5, 121, 146
『二つの旗のもとで』(*Under Two Flags*, 1867) ………… 117
『ふたつめのほんと』(*The Facts and Fictions of Minna Pratt*, 1988) ………… 177
『豚の死なない日』(*A Day No Pigs Would Die*, 1972) ………… 106
『ふたりはいっしょ』(*Frog and Toad Together*, 1972) ………… 104
『ふたりはともだち』(*Frog and Toad are Friends*, 1970) ………… 102, 105
『フランダースの犬』(*A Dog of Flanders*, 1872) ………… 110, 114, 116, 117
『星をまく人』(*The Same Stuff as Stars*, 2002) ………… 37
『北極星をめざして』(*JIP, His Story*, 1996) ………… 37
『ホビットの冒険』(*The Hobbit, or There and Back Again*, 1937) ………… 122, 123
『ポリアンナの青春』(*Pollyanna Grows Up*, 1915) ………… 161

マ 行

マザーグース (*Mother Goose: Old Nursery Rhymes*) ………… 11, 155
『魔術師のおい』(*The Magician's Nephew*, 1955) ………… 130, 133
『マチルダ』映画 (*Matilda*, 1996) ………… 55
『マチルダは小さな大天才』(*Matilda*, 1988) ………… 54
『魔法使いハウルと火の悪魔』(*Howl's Moving Castle*, 1986) ………… 16
『まぼろしの小さな犬』(*A Dog So Small*, 1962) ………… 25
『幻の動物とその生息地』(*Fantastic Beasts and Where to Find Them*, 2001) ………… 140
『三つの名前』(*Three Names*, 1991) ………… 177
『みどりの魔法の城』(*The Castle of Yew*, 1965) ………… 21
『めざめれば魔女』(*The Changeover*, 1984) ………… 170, 171, 173
『メリーポピンズ』映画 (*Mary Poppins*, 1964) ………… 10
『もうひとつの家族』(*Park's Quest*, 1988) ………… 37
『森の生活』(*Walden: or, the Life in the Wood*, 1854) ………… 110
『もりのなか』(*In the Forest*, 1944) ………… 110

ヤ 行

『闇の左手』(*The Left Hand of Darkness*, 1969) ………… 145

『幽霊を見た10の話』（*The Shadow-Cage and Other Tales of the Supernatural*, 1977）…………25
『床下の小人たち』（*The Borrowers*, 1952）…………14, 16, 17, 130
〈床下の小人たち〉シリーズ（The Borrowers Series, 5 vols., 1952-1982）…………17
『ゆがめられた記憶』（*Memory*, 1989）…………173
『指輪物語』（*The Lord of the Rings*, 3 vols., 1954-55）…………125, 145
『四つの愛』（*The Four Loves*, 1960）…………133
『四つの人形のお話』（*Four Dolls*, 1983）…………129
『よみがえった化石ヘビ』（*The Fossil Snake*, 1975）…………21

ラ 行

『ライオンと魔女』（*The Lion, the Witch and the Wardrobe*, 1950）…………120, 130, 131, 133, 146
〈ライラの冒険〉（His Dark Materials, 3 vols., 1995-2000）…………134
『リビイが見た木の妖精』（*Nothing Said*, 1971）…………21
『リリス』（*Lilith*, 1895）…………121

ワ 行

『若草物語』（*Little Women*, 1868）…………150, 153, 155, 162, 165, 178
〈若草物語〉シリーズ（The Little Women Series, 4 vols., 1868-1886）…………164
『わたしさがしのかくれんぼ』（*Cassie Binegar*, 1982）…………177
『わたしとあそんで』（*Play With Me*, 1955）…………111
『私はだれ？——自分さがしのヒント』（*Who Am I?*, 1992）…………37

図版出典一覧

2 ページ　『不思議の国のアリス』（ルイス・キャロル作／脇明子訳）岩波書店，1998年。
4 ページ　同上。
6 ページ　『クマのプーさん』（A. A. ミルン作／石井桃子訳）岩波書店，2000年。
8 ページ　同上。
10ページ　『風にのってきたメアリー・ポピンズ』（P. L. トラヴァース作／林容吉訳）岩波書店，2000年。
12ページ　同上。
14ページ　『床下の小人たち』（メアリー・ノートン作／林容吉訳）岩波書店，2000年。
16ページ　同上。
18ページ　『グリーン・ノウの子どもたち』（ルーシー・M. ボストン作／亀井俊介訳）評論社，2008年。
19ページ　同上。
22ページ　『トムは真夜中の庭で』（フィリパ・ピアス作／高杉一郎訳）岩波書店，1967年。
23ページ　同上。
26ページ　『オズのふしぎな魔法使い』（ライマン・フランク・ボーム作／宮本菜穂子訳）松柏社，2003年。
28ページ　同上。
30ページ　『エルマーのぼうけん』（ルース・スタイルス・ガネット作／渡辺茂男訳）福音館書店，1963年。
32ページ　同上。
34ページ　『テラビシアにかける橋』（キャサリン・パターソン作／岡本浜江訳）偕成社，2007年。
36ページ　同上。
42ページ　『砂の妖精』（E. ネズビット作／石井桃子訳）福音館書店，2002年。
44ページ　同上。
46ページ　『ピーター・パン』（ジェイムズ・M. バリ作／厨川圭子訳）岩波書店，2000年。
48ページ　同上。
50ページ　『くまのパディントン』（マイケル・ボンド作／松岡享子訳）福音館書店，2006年。
52ページ　安藤聡氏撮影。
54ページ　『マチルダは小さな大天才』（ロアルド・ダール作／宮下嶺夫訳）評論社，2005年。
56ページ　同上。
58ページ　『トム・ソーヤーの冒険』（マーク・トウェイン作／石井桃子訳）岩波書店，2001年。
60ページ　同上。
62ページ　『クローディアの秘密』（E. L. カニグズバーグ作／松永ふみ子訳）岩波書店，2000年。
64ページ　同上。
66ページ　『スタンド・バイ・ミー』（スティーヴン・キング作／山田順子訳）新潮社，2005年。
68ページ　映画『スタンド・バイ・ミー』のポスター。
70ページ　『穴』（ルイス・サッカー作／幸田敦子訳）講談社，2006年。
72ページ　Louis Sachar, Holes. Yearing, 2008.
78ページ　『たのしい川べ』（ケネス・グレーアム作／石井桃子訳）岩波書店，2002年。
81ページ　同上。
82ページ　『ツバメ号とアマゾン号』（アーサー・ランサム作／岩田欣三・神宮輝夫訳）岩波書店，1967年。

84ページ　同上。
86ページ　『大きな森の小さな家』（ローラ・インガルス・ワイルダー作／こだまともこ・渡辺南都子訳）講談社，1988年。
87ページ　白井澄子氏撮影。
90ページ　『秘密の花園』（フランシス・ホジソン・バーネット作／猪熊葉子訳）福音館書店，2003年。
92ページ　同上。
94ページ　『青いイルカの島』（スコット・オデル作／藤原英司訳）理論社，2004年。
96ページ　同上。
98ページ　『シャーロットのおくりもの』（E. B. ホワイト作／さくまゆみこ訳）あすなろ書房，2001年。
102ページ　『ふたりはともだち』（アーノルド・ローベル作／三木卓訳）文化出版局，1972年。
104ページ　同上。
106ページ　『豚の死なない日』（ロバート・ニュートン・ペック作／金原瑞人訳）白水社，1996年。
114ページ　『フランダースの犬』（ウィーダ作／村岡花子訳）新潮社，1954年。
116ページ　Ouida, *A Dog of Flanders and Other Stories.* Grosset and Dunlap, 1965.
118ページ　『お姫さまとゴブリンの物語』（ジョージ・マクドナルド作／脇明子訳）岩波書店，2003年。
120ページ　同上。
122ページ　『ホビットの冒険』（J. R. R. トールキン作／瀬田貞二訳）岩波書店，2002年。
124ページ　同上。
126ページ　『人形の家』（ルーマー・ゴッデン作／瀬田貞二訳）岩波書店，2000年。
128ページ　同上。
130ページ　〈ナルニア国ものがたり〉『ライオンと魔女』（C. S. ルイス作／瀬田貞二訳）岩波書店，2000年。
132ページ　安藤聡氏撮影。
134ページ　〈ライラの冒険〉『黄金の羅針盤』（フィリップ・プルマン作／大久保寛訳）新潮社，1999年。
138ページ　『ハリーポッターと賢者の石』（J. K. ローリング作／松岡佑子訳）静山社，1999年。
140ページ　『幻の動物とその生息地』（J. K. ローリング作／松岡佑子訳）静山社，2001年。
142ページ　〈ゲド戦記〉『影との戦い』（アーシュラ・K. ル＝グウィン作／清水真砂子訳）岩波書店，1992年。
144ページ　同上。
150ページ　『若草物語』（ルイザ・メイ・オールコット作／矢川澄子訳）福音館書店，2004年。
152ページ　同上。
154ページ　『あしながおじさん』（ジーン・ウェブスター作／谷口由美子訳）岩波書店，2002年。
156ページ　同上。
158ページ　『少女ポリアンナ』（エリナー・ポーター作／谷口由美子訳）岩波書店，2002年。
160ページ　同上。
162ページ　『ウィーツィ・バット』（フランチェスカ・リア・ブロック作／金原瑞人・小川美紀訳）東京創元社，1999年。
163ページ　Francesca Lia Block, *Dangerous Angels : the Weetzie Bat Books.* HarperCollins, 1998.
166ページ　『赤毛のアン』（ルーシー・モード・モンゴメリ作／村岡花子訳）新潮社，2008年。
168ページ　桂宥子氏撮影。
170ページ　『めざめれば魔女』（マーガレット・マーヒー作／清水真砂子訳）岩波書店，1989年。
172ページ　Margaret Mahy, *The Changeover.* Margaret K. McElderry, 1984.
174ページ　『のっぽのサラ』（パトリシア・マクラクラン作／金原瑞人訳）徳間書店，2003年。
176ページ　Patricia MacLachlan, *Three Names.* HarperTrophy, 1991.